NILTON BONDER

Cabala e a arte de investimento do poder

Investindo a força, a honra, o saber e a riqueza

Rocco

Copyright © 2022 by Nilton Bonder

Ilustrações em colagem capa e miolo:
MARCIA ALBUQUERQUE

Direitos desta edição reservados à
EDITORA ROCCO LTDA.
Rua Evaristo da Veiga, 65 – 11º andar
Passeio Corporate – Torre 1
20031-040 – Rio de Janeiro – RJ
Tel.: (21) 3525-2000 – Fax: (21) 3525-2001
rocco@rocco.com.br
www.rocco.com.br

Printed in Brazil/Impresso no Brasil

Preparação de originais
NATALIE DE ARAÚJO LIMA

CIP-Brasil. Catalogação na publicação.
Sindicato Nacional dos Editores de Livros, RJ.

B694c	Bonder, Nilton
	Cabala e a arte de investimento do poder : investindo a força, a honra, o saber e a riqueza / Nilton Bonder ; ilustração em colagem Marcia Albuquerque. – 1. ed. – Rio de Janeiro : Rocco, 2022. : il.
	(Reflexos e refrações ; 6)
	ISBN 978-65-5532-258-3
	ISBN 978-65-5595-127-1 (e-book)
	1. Cabala. 2. Riqueza – Aspectos religiosos – Judaísmo. 3. Economia – Aspectos religiosos – Judaísmo. I. Albuquerque, Marcia. II. Título. III. Série.
22-77643	CDD: 296.383
	CDU: 26:330.52

Meri Gleice Rodrigues de Souza – Bibliotecária CRB-7/6439

O texto deste livro obedece às normas do
Acordo Ortográfico da Língua Portuguesa

Impressão e Acabamento: Editora JPA Ltda.

SUMÁRIO

INTRODUÇÃO 5

I
Cabala e Investimento

Poder 11
Poder e objetividade 13
Poder e o pilar central da Árvore 16
Investimento e poder 18
Competição e cooperação 21
As realidades: ampla e pequena 24

II
Ambições (Poder objetivo)

Poder competitivo físico – Força 31
Poder cooperativo emocional – Honra 40
Poder cooperativo intelectual – Saber 49
Poder competitivo espiritual – Riqueza 58

III
Ganâncias (Poder subjetivo)

Ganância 70
Tirania física – Cobiça 76
Tirania emocional – Manipulação 85
Tirania intelectual – Ideologia 96
Tirania espiritual – Exclusão 104

APÊNDICE 113

INTRODUÇÃO

A intenção deste livro é ser ambicioso.

A ambição, juntamente com a sexualidade e a alegria, são as disposições matriciais da vida. A raiz da vida está em sua ambição. Seja no épico encontro entre sêmen e óvulo – quando a ambição se enraíza numa nova vida –, seja na esfera vegetal, quando a ambição se ramifica num novo projeto de germinação.

A ambição é a propensão ou a aptidão de uma potência. O poder, por sua vez, não é a intensidade ou a potência em si, mas a viabilidade relativa e comparativa de um ser diante de seu ambiente.

O poder é uma condição própria, uma habilitação ou um mérito que independe de imposição – ele já se constitui mesmo antes de sua realização. A imagem da raiz simboliza a manifestação do poder por representar a iniciativa original. Afinal, o erguimento e a virilidade de um projeto se iniciam em sua base, em sua raiz. Dizemos que a raiz de um empreendimento, ou de um problema, é a condição potencial que os coloca em andamento.

A ambição é a disposição inata que prospecta competências e as executa através de aplicações. A raiz poderia ser entendida como o recurso que identifica a disposição interna e verifica quais são os potenciais para se impor àquilo que lhe é externo: seu meio ambiente. E, uma vez apuradas as potências, a raiz inicia sua expansão por meio da inversão de possibilidades latentes ou iminentes. Ela se expande em ações capazes de produzir êxito e obra.

O poder, por sua vez, é uma exteriorização da natureza e, como tal, reproduz seu caráter implacável com relação ao fraco e ao precário. O poder é a identificação comparativa que explora fragilidades e facilidades para se impor e apoderar-se. No entanto, essa vocação de firmar e determinar não é necessariamente cruel como se afigura. O poder é uma representação da realidade. É, portanto, da realidade que o poder depreende seu caráter resoluto e direto, duro e inexorável, que lhe confere a aparência de ser insensível e impiedoso.

O poder, porém, é apenas pragmático, agindo por competição ou cooperação indiscriminadamente, atendendo de maneira única sua determinação inerente e interna. Nossa espécie é um exemplo de que, se lhe for vantajoso, o poder lança mão da cooperação na mesma intensidade com que se vale da truculência que aplica durante uma competição.

É contraintuitivo pensar que, para o poder, competição e cooperação são estratégias igualmente genuínas, destituídas de qualquer valor moral. A cooperação não é melhor ou pior que a competição e vice-versa, tal qual a curva ou a reta o são para o design – é na efetivação do poder que se produzem estes "desenhos".

A tarefa deste livro da série *Reflexos e Refrações* é explorar os agentes do poder representados pela competição e pela cooperação e suas diversas formas de aplicação: a força, a honra, o saber e a riqueza. Além disso, desejamos refletir sobre a interação entre a consciência humana e o atributo do poder. Essa reflexão pode nos conduzir a uma nova arte: a arte do investimento do poder.

I
CABALA e INVESTIMENTO

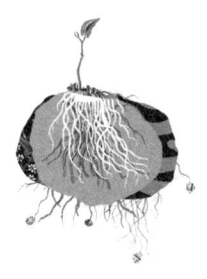

Poder

Vamos calibrar melhor nossos termos.

O poder é a disposição às ambições. Assim como definimos a alegria como a disposição para viver as emoções e o sexo como a disposição às excitações, também o poder se constitui numa disposição – uma disposição para viver as ambições. Ao processar as emoções, experimentamos a alegria; ao acolher desejos, vivemos eroticamente. Quando nos incumbimos das ambições, exercemos o poder.

A natureza das disposições se assemelha mais a um receptáculo do que a um conteúdo propriamente dito. Cada uma das disposições é uma manifestação da natureza propulsora da vida. Na alegria está a disposição que incita as interações; no sexo encontramos a disposição que excita a reprodução e, no poder, aquela que impele às conquistas.

O poder, porém, está encravado, enraizado na realidade. Ele atende apenas a circunstâncias objetivas. Para que o poder se manifeste, ele tem que ser absolutamente factual e concreto. Qualquer tentativa de manipular ou maquiar a realidade resulta no contrário do poder – no estabelecimento de uma incapacidade ou incompetência.

É correto também afirmar que é possível exercer o poder através de mentiras ou ilusões, o que é frequentemente realizado, desde que haja, factual e objetivamente, condições para tal. O poder se imporá onde quer que haja debilidade ou frouxidão de objetividades. A solidez do "chão" – em outras palavras, a realidade – será determinante para que o poder se imponha.

Qualquer leitura equivocada deste solo basilar resultará em enfraquecimento e em possível subjugação e domínio. Por isso a raiz se contorce, buscando a melhor aderência possível ao terreno. Reentrâncias, texturas e profundidades oferecem à raiz a possibilidade de efetuar movimentos de poder.

Diferentemente dos galhos que prosperam no vazio e se expandem no espaço, as raízes buscam a aderência e o estreitamento friccionado com o solo. Em atrito com a terra e com pedras, o poder se consolida, visto que ele precisa margear o que é notório, sem se corromper por percepções equivocadas ou agendas pessoais, subjetivas. O poder é o engate, o encaixe que, com o somatório de outras forças, compõe a realidade e seu progresso.

Poder e objetividade

> ... Há uma sabedoria (chochmah) por trás da força do trabalho, ou seja, do esforço realizado neste mundo que é o "mundo do trabalho"... Por isso, uma pessoa que utiliza a força (choch) sem a potência "do que é?" (mah), entrará no Sheol [o mundo desvitalizado], o lugar onde não existe o "trabalho"!
>
> Zohar 220b

Este trecho do *Zohar* evoca o conceito místico de enxergar "o que é" (*mah*). Através de um jogo de palavras com o vocábulo "*chochmah*" (sabedoria), o texto subdivide a palavra em duas "*choch-mah*" – a "força" e "o que é". Para uma pessoa ser sábia em seu poder ela precisa associar a força com "o que é". Você perde esta sabedoria quando mistura as opiniões e a verdade, ou quando troca o pensamento pela realidade, ou quando toma o cardápio pela refeição.

A grande questão do poder é não se equivocar e trocar "o que é" pelo que "achamos que é"; trocar "*is*" por "*ism*", se quisermos dar um exemplo bem espirituoso na língua inglesa.

Ou seja, é preciso estar atento a fim de que não se troque a realidade por ideologias, crenças ou teses.

A realidade é o que é, e se configura na plataforma essencial para que forças aplicadas resultem em algo efetivo e tangível. Só existe torque ou alavanca no mundo factual. Isso significa que apenas sobre a realidade objetiva é possível fixar um eixo em torno do qual orbitam todas as repercussões e os efeitos possíveis.

Qualquer imagem ou miragem não possui ponto de contato com a realidade, e a tentativa de usá-las como referencial objetivo não produz novos fatos, mas ilusões. O antigo conceito de ídolo representa a matriz de todos os equívocos, que é manchar o real com o ficcional ou o imaginário, tentando produzir efeitos objetivos. Nenhum erro é tão agudo quanto aquele que é lastreado por informações infundadas. Esse é o lugar misterioso de *Sheol* [termo bíblico associado com as profundezas da terra, ou o lugar dos sepultados] como o mundo do "não trabalho", destituído de potências.

> *Uma nobre romana disse a Rabi Yose: "Meu deus é maior que o seu!"*
>
> *Ao ouvir isso, ele perguntou: "Por que você diz isso?" Ela então respondeu: "Quando o seu Deus se revelou a Moisés diante da sarça ardente, está escrito: 'Moisés escondeu a sua face'; mas quando Moisés viu*

> *a serpente – que representa o meu deus – está escrito: 'E Moisés fugiu de diante dele!'"*
>
> Ex. Raba 4:3
>
> *Então Rabi Yose respondeu: "Exato! Quando o meu Deus apareceu na sarça ardente, Moisés não dispunha de nenhum outro lugar para fugir [por isso escondeu a face]. Para onde iria? Para os céus, ou para o mar, ou para outro continente? Sobre isso, está escrito: 'Então não sou Eu [Deus] que preenche os céus e a Terra?' (Jer. 23:24). No caso da serpente, a representação do seu deus, assim que a pessoa se afaste dois ou três passos para o lado, consegue livrar-se e escapar dele!"*
>
> Ex. Raba 3:12

A realidade abrange todos os lugares. Quanto ao que é idolatrado, no entanto, basta que dele nos afastemos dois ou três passos para descobrir que não existe em nenhum outro lugar. As imagens não têm vínculos com os demais itens da realidade e precisam de circunstâncias ficcionais a fim de aparentar uma objetividade que não possuem de fato.

O poder depende do mundo objetivo. Quando está desvinculado deste último, basta que nos afastemos um pouco, dois ou três passos, para que as impotências se revelem!

Poder e o pilar central da Árvore

Estamos na coluna central da Árvore, mais exatamente no primeiro atributo basilar do centro (veja ilustração a seguir). Como já apontamos em outros livros desta série, a coluna central da Árvore representa uma propriedade interna – mais um recurso do que uma interação. Estamos em *Malchut*, termo normalmente traduzido como "segurança" e aqui abordado pela característica do poder. Literalmente, *Malchut* significa "soberania". Isto quer dizer que esta esfera se manifesta por potência, eficácia e rendimento.

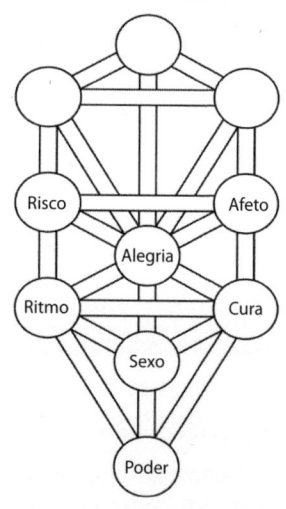

A linguagem e a moeda deste território são o resultado. Diferentemente do outro extremo da Árvore, onde está a folha, *Chessed* (o afeto), na esfera da raiz há uma espécie de aversão a qualquer forma de sensibilidade que possa favorecer o fictício ou o fabuloso. Enquanto as folhas estão no ar, tentando captar energia e oxigênio, prospectando projetos, o poder está executando e garantindo sustento e estabilidade, tão necessários a todo o sistema.

Nessa condição de centralidade, temos o sistema no formato 1, 2, 2, 1. Criam-se, assim, similaridades entre força e riqueza, que são ambições do tipo competitivo; e entre honra e sabedoria, ambições do tipo cooperativo.

Como diz a máxima chinesa: "Quando dois homens, cada um com um pão, se encontram e trocam os pães, cada um sai com um pão; quando dois homens, cada um com uma ideia, se encontram e trocam ideias, cada um sai com duas ideias." A força e a riqueza são de natureza soma-zero; a honra e a sabedoria são soma não-zero, do tipo ganha-ganha.

Porém, como veremos adiante, quando o poder é investido dessas naturezas, as mesmas podem mudar suas características.

Investimento e poder

> *Ben Zomá disse:*
>
> *"Quem é forte? Aquele que domina seu impulso, como está escrito: 'Aquele que é lento para a ira é melhor que o homem forte; e aquele que domina suas emoções é melhor que aquele que conquista uma cidade.' (Prov. 16:32)*
>
> *"Quem é honrado? Aquele que honra os outros, como está escrito: 'Decerto, os que Me honram, honrarei; e os que Me desprezam, degradar-se-ão.' (I Sam. 2:30)*
>
> *"Quem é sábio? Aquele que aprende com toda pessoa, como está escrito: 'De todos os que me ensinaram obtive sabedoria; decerto Teus testemunhos são minha conversa.' (Sal. 119:99)*
>
> *"Quem é rico? Aquele que se contenta com a sua porção, como está escrito: 'Quando comes do [produto do] esforço de tuas mãos, feliz és, e o bem estará contigo.' Feliz és, fala deste mundo; e o bem estará contigo, do Mundo Vindouro." (Sal. 128:2)*
>
> Ética dos Ancestrais 4:1

Essas quatro divisões de poder espelham também a divisão que analisaremos neste livro. Fica evidenciado também que a *Ética dos Ancestrais* trabalha com o conceito de investimento. O significado ordinário de um investimento é a aplicação de recursos, tempo ou esforços na obtenção de um objetivo. O investimento, no entanto, vai além, e é como uma sinapse entre potência e potencial. Para além de simplesmente obter ou conquistar algo, o investimento maximiza os potenciais para os quais um poder se manifesta. Essas estratégias revelam a extensão do poder e se pronunciam desde meras ocorrências que revelam a diferença de potencial entre elementos até as mais sofisticadas táticas e planejamentos produzidos pelo espírito humano. Uma mera diferença de potencial é o que faz uma pedra cair ou o rio descer ao mar. Um vazio, uma fragilidade, uma debilidade, uma apatia, uma procrastinação, uma bobeira ou um descuido, e poderes se colocam em marcha para ocupar essa "diferença de potencial". Essa é a lei física que se processa através das forças.

Essas diferenças entre potências podem também ser estimuladas e alavancadas por processos inteligentes. A argúcia instintiva animal, por exemplo, é capaz de ampliar este poder; assim como a lógica humana em muito o multiplica. A experiência codificada em instinto e a ponderação do raciocínio humano tonificam a realidade através de objetividades. E quanto mais objetiva for a interação com os elementos de realidade, mais poder se afirma.

Investir é dotar um poder potencial de uma nova roupagem, é investi-lo, é arrojar-se com a intenção de otimizar e incrementar. Esse prefixo "in", de investir, aponta para uma recarga interna de pujança e robustez.

Portanto, além da força, existe a força investida. É isso o que a *Ética dos Ancestrais* revela. O investimento da força assume a "roupagem" do ato de "dominar a si próprio"; o investimento da honra, de honrar os outros; o da sabedoria, de aprender com todos, e o da riqueza, de satisfazer-se com o que é seu. O poder tem como propriedade a possibilidade de investir. Justamente por não se tratar de uma medida, mas de um potencial, o poder se amplia, multiplica ou exponencializa graças ao investimento. Sua prospecção não é relativa apenas à eficiência, mas à sua otimização. Então pode-se exercer a força e a riqueza, ou gozar-se da honra ou da sabedoria, mas isto não representará verdadeiramente o poder, se este não estiver investido.

Esse é o grande diferencial dos humanos para as demais espécies. Seu poder não está na força ou no domínio, mas na capacidade de "investir" seu poder. Mais do que a capacidade de cooperação, foi a aptidão para investir seu poder que fez a espécie humana ir tão longe.

Vamos fazer uma incursão nestes quatro investimentos do poder a fim de melhor compreender sistemicamente sua função na esfera humana.

Competição e cooperação

O poder está sempre vinculado à objetividade. Seja ao enfrentar um problema ou uma guerra, a objetividade é o "solo" de onde emana o poder. Aqueles que gostam de estudar os conflitos e as guerras sabem que existe uma circunstância recorrente a definir os embates: o primeiro a se tornar subjetivo perde.

Subjetivo significa ser contaminado por seus desejos e agendas pessoais. A ambição tem características de uma aspiração, e, muitas vezes, em vez de se comportar como uma potência realizadora, alimenta ansiedades. E estas nutrem temores e fantasias, inundando o indivíduo de "ar", de imaginário, quando ele deveria estar buscando "chão" e "solo" para a tarefa de "enraizar-se". É fundamental permanecer objetivo.

E a objetividade pode ocorrer por duas vias, a competitiva e a cooperativa.

A via competitiva é objetiva à medida que se apresenta como a demonstração real da capacidade do poder de se impor, seja por seu vigor, seja por seu afã. As eficácias (fazer as *coisas certas*) e as eficiências (fazer *certo as coisas*) relativas a um determinado poder devem ser sempre afirmadas objetivamente. Assim definimos a condição competitiva.

A via cooperativa, por sua vez, é objetiva pela percepção da real incapacidade do poder; ou seja, pela prospecção correta de suas fragilidades. A isso chamamos de vulnerabilidade, ou seja, o mapeamento e o rastreamento acurado de uma precariedade. A organização do poder em torno da objetividade de sua debilidade é a condição cooperativa do poder.

O que ambas as formas, competitivas e cooperativas, possuem em comum é a tal natureza de *Malchut*, da soberania, caracterizada pelo não afastamento da objetividade. E ser objetivo é a mais árdua das tarefas de nossa vida por ser algo que demanda lucidez, desprendimento e despojamento.

Importante salientar que estamos abordando a cooperação como um aspecto intrínseco ao poder. Isso demanda diferenciar a cooperação da associação de espécies ou indivíduos que se beneficiam mutuamente. Essas formas de simbiose são relações de cooperação em que ambas as partes se afetam mutuamente.

Na esfera do poder estamos na coluna central, que não é relacional, mas constitucional. Isso significa que a vulnerabilidade, o poder de representar sua própria fragilidade, é uma potência objetiva. Exercê-la é exercer parte do próprio poder. Se essa potência cooperativa irá ou não se manifestar de forma associativa, vai depender de outros atributos. Para nossos fins, basta reconhecer o poder objetivo da vulnerabilidade.

A raiz rasgará a terra competitivamente, mas também irá contornar obstáculos cooperativamente. Trataremos essa aparente submissão ao factual, essa adequação à realidade como uma cooperação, mas ela não tem nenhum caráter colaborativo ou de assistência. O poder é movido por puro interesse; ele "coopera" para atender a si próprio.

Estamos no polo oposto ao do afeto: tanto porque o afeto é relacional e o poder é interno, quanto porque um está no topo, mediando com o "ar", e o outro intervém no solo.

Nesse território tão concreto do poder (*Malchut*), sua natureza está sempre voltada para a própria entidade. Por estar localizado na coluna central, seus qualificadores são pessoais, tal como a "preservação" para a alegria, ou a "apropriação" para o sexo. No caso do poder, a única capacidade de ingerência humana se encontra na possibilidade de investi-lo.

As realidades: ampla e pequena

Visto que o poder está no espaço do real, do objetivo, é importante aprofundar o conceito do que é real.

O ser humano possui características que podem fazer seu poder avançar, mas também aspectos que aumentam sua desvantagem. Quanto maior for em uma espécie a autoconsciência de que é "habitada" por um sujeito, maior será sua subjetividade. Na maioria das espécies rudimentares e sem complexidades, de vírus a insetos, esse senso de individualidade é a tal ponto reduzido, que sua existência se confunde com a do coletivo, do grupo. Não há qualquer abstração ou imaterialidade na relação entre os sentidos e os sentimentos – o que, no campo do poder, lhes permite competir isentos de subjetividade. Essa relação direta e cristalina com o "solo" tem grande serventia no exercício do poder.

O humano está na outra ponta de tal relação. Qualquer excitação dos sentidos lhe provoca intensos sentimentos que o vinculam a si próprio. A complexidade do sistema nervoso humano estabelece autonomia a todas as suas funções: as emoções se expressam como se movidas em causa própria; o que também ocorre com os pensamentos e até mesmo os sentidos, como a visão ou a audição, que parecem viver um aprazimento particular ao se manifestar. Essas instâncias autônomas fazem da objetividade algo quase impossível ao ser humano. É assim que vemos muitas vezes o que queremos ver e não enxergamos o que não nos interessa enxergar. Nesse sentido, o julgamento humano pode ser considerado algo profundamente parcial. Submetemos a realidade a uma considerável refração quando ela cruza o meio faccioso da autoconsciência, e isso é algo que impacta e interfere na relação humana com o poder.

Diante dessa desvantagem, o ser humano executa uma compensação por meio do que a tradição judaica denomina de uma Mente Pequena. Para remediar a profunda influência de sua subjetividade, os humanos recorrem à dualidade. Transformar a realidade em "duos objetivantes" é o ardil. Ao fracionar em opostos como meu ou seu, certo ou errado, bom ou mau, dentro ou fora, a Mente Pequena presume se aproximar do concreto e do real por via de contraste. Na dualidade, a realidade parece retornar à sua condição objetiva e tanto o imaginoso quanto o ilusório estariam suprimidos. Tudo é transformado em o "outro", tudo é exteriorizado, o que tornaria possível algum nível de materialidade. No entanto, esse artifício acaba por subtrair argúcia e reduzir a concretude do "solo", que é tão fundamental ao poder. A dualidade compromete a eficiência e a eficácia em troca de um suposto incremento na objetividade.

A outra saída, por sua vez, não propõe fracionar a realidade, mas, ao contrário, se esforça para reverter tudo à sua unidade original. Não se trata de isenção ou imparcialidade, impossíveis à percepção humana, mas da tentativa constante de unificar conceitos e forças, tratando-as como complementares. Aqui o artifício não é negar a percepção de que há dentro ou fora, certo ou errado, mas conceber que é dentro-e--fora, certo-e-errado. A proposta, aqui, é que se acompanhe os arranjos e esquemas da "Mente Pequena" sem se perder em abstrações, preservando a lucidez de que as representações não são a essência das coisas, mas um mero estratagema. É preciso compreender o processo de cognição como um expediente e não como a realidade em si, e é isso que produz uma Mente Ampla. Essa mente audita seus próprios mecanismos e, com isso, restabelece sua conexão com a objetividade. A representação do *yin-yang* na cultura taoísta é um anagrama que retrata a dualidade, porém perpassada por um ponto que unifica esses polos. Essa interseção é a Mente Ampliada, um mecanismo capaz de resgatar a objetividade, mesmo nos sistemas cognitivos subjetivos humanos.

A longo prazo, a Mente Ampliada permite aos humanos que seu investimento tenha um incremento gigantesco de poder quando comparado a outras espécies.

Quando um humano prospecta os elementos da realidade (Mente Pequena), sua sensibilidade é um "passivo" que o coloca em desvantagem na esfera do poder. No entanto, quando prospecta sobre a própria realidade (Mente Ampla), sua sensibilidade é um "ativo" e o coloca numa condição vantajosa na esfera do poder em relação a outras espécies.

> *Rabi Menachem Mendel dizia: "Um violinista virtuoso pode estar desgostoso por ter errado uma única nota durante todo o concerto, que não foi perfeito. Já um novato pode tocar uma melodia inteira totalmente fora de tom e, além de não estar ciente disso, ficar plenamente satisfeito. Essa comparação apenas revela o quão longe da verdade o novato está!"*
>
> Four Masters, A.J. Twerski, p. 58

A verdade é o fator que revela a acuidade de uma realidade.

A Mente Ampla, por sua vez, é o coeficiente de "investimento" humano capaz de alavancar o discernimento de novas realidades. Investir é, portanto, operar em uma realidade mais "real", mais precisa e balizada. Em geral, isso aumenta a volatilidade do processo, porém gera um resultado mais poderoso. O "solo" compacto desta nova realidade profunda oferece maior imbricamento para a raiz e, com isso, um grau maior de compressão do que aquele da realidade anterior. Essa "super-superfície" pode gerar árvores mais viçosas e copadas do que a realidade anterior.

Vamos adentrar a análise das várias dimensões sistêmicas do poder. E, mais do que isso, vamos tentar compreender o coeficiente humano de investimento que há em cada uma delas.

II

AMBIÇÕES
(Poder objetivo)

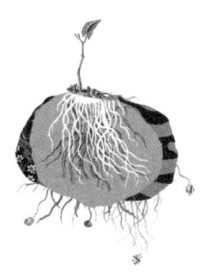

Poder competitivo físico – Força

Quem é forte? Aquele que domina seu impulso

> *Rabi Asi disse: "No início o impulso ao mal é fino feito uma teia de aranha; mas ao final é grosso como um cabo feito da mais resistente corda."*
>
> Gen. Raba 22:6

> *Rabi Shimon ben Eleazar disse: "O impulso ao mal se assemelha a uma peça de ferro lançada numa fornalha. Enquanto estiver no fogo, pode-se fazer dela o produto que se quiser. E assim é com o impulso ao mal; não há maneira de revertê-lo a algo positivo, exceto pelas palavras da Torá, que são como o fogo."*
>
> Suk 52b

Não há dúvida, como bem descrevem as citações, que o "impulso" é o maior objeto de força para um ser humano. A tonicidade dos impulsos cresce de forma exponencial com relação ao tempo – da teia à corda. Outra característica também é a latência que, em estágio inicial, permite ao impulso ainda ser maleável. Uma vez "esfriado", ele se adensa de forma irreversível. Essa flexibilidade é mantida com "o fogo das palavras da Torá", ou seja, com as convicções de juízo e de resolução.

A capacidade de desenvolver princípios e valores é a maneira singular de investimento de poder da espécie humana. Sua capacidade crítica faz com que seja capaz de avaliar e qualificar os impulsos, gerenciando os mesmos de acordo com sua razão e seus critérios.

No entanto, os impulsos são "naturezas", e ninguém é capaz de dar conta de sua natureza. Essa é uma missão impossível! Justamente pela magnitude do desafio, é ele o alvo ambicionado: nada pode exigir uma prova de força maior do que a tentativa de dominação de um impulso. Claramente, essa não é uma medida animal de força. Os animais não conseguem investir sua força e por isso ela se apresenta em medidas concretas de newtons ou cavalos-de-força.

Para entrar em embate com um titã, como é o impulso, o humano precisa de investimento. E a primeira tentativa, a mais simples, para o "domínio dos impulsos" se dá pelo recurso de evitá-lo em vez de suplantá-lo. Evitar os impulsos em muitos casos pode significar dominá-los sem que para isso seja preciso fazer esforços hercúleos. Não se trata de um mero artifício de evasão, mas de saber prever a ocorrência do impulso.

> *Perguntaram a Raban Yochanan ben Zakai: "Como você descreveria uma pessoa que é esclarecida e temente ao pecado?" Ele respondeu: "Essa pessoa é como um artesão experiente que possui, ao mesmo tempo, todas as ferramentas de seu ofício!" "E uma pessoa que é esclarecida, mas não é temente?" Ele replicou: "Esse é um artesão qualificado, porém, sem dispor de ferramentas." "E a pessoa que é temente, mas não é esclarecida?" Ele disse: "Esse se assemelha a alguém que não sabe o ofício, mas que dispõe de ferramentas!"*
>
> Shab. 31b

Para alavancar o poder humano em relação a seus ímpetos, é fundamental conjugar duas capacidades de investimento: 1) o domínio conceitual – a artesania ou o esclarecimento, provenientes de preparo e informação; e 2) o domínio instrumental – o temor, que é a consideração ou a relevância atribuída ao objeto em questão.

O esclarecimento antevê o impulso e se adianta a ele. No entanto, é preciso que perguntemos: como é objetivamente possível antecipar-se a um ímpeto, já que, por definição, o ímpeto se caracteriza por ser intempestivo e súbito? Isso só é viável através da experiência, da capacidade crítica de prognosticar algo que já foi vivido no passado. Essa é a capacidade artesã ou o conhecimento do ofício relativo ao poder.

O temor, por sua vez, é um estado de alerta, de atenção. E ele foi assim descrito pelos rabinos:

> Os mestres ensinaram: uma pessoa deve sempre se considerar parcialmente culpada e parcialmente inocente. Se ela produzir um único ato meritório, feliz dela, pois terá inclinado a balança para o lado da virtude; pobre dela, no entanto, se cometer uma única falta, já que a balança penderá para o outro lado.
>
> Kid 40b

Conhecer a gravidade e o peso do que está em jogo é a definição de "temor". E a culpa não é apenas um sentimento de contrição e de remorso, mas uma medida de importância ou valor.

Então, quando alguém está munido de esclarecimento e temor, torna-se capaz de exercer poder sobre o impulso, evadindo-se dele. Essa forma de investimento é objetiva porque se vale da propriedade da vulnerabilidade. Como mencionamos, descobrir-se vulnerável à sua natureza é, em si, um ato de poder. É assim que a vulnerabilidade subjuga o impulso por evasão no momento propício, antecipando-se à concretização do impulso – algo que faria dele uma "corda robusta" ou um "metal sólido" já resfriado.

Antecipar-se e agir como um bom artesão com suas ferramentas adequadas é, sem dúvida, uma forma de exercer poder sobre os ímpetos.

O importante aqui é não perder a objetividade, tão essencial ao poder. Afinal, a forma convencional de tentar reprimir o impulso por opinião, moral ou crença é algo que se mostra totalmente ineficiente. Essas três categorias – opinião, moral e crença – são absolutamente subjetivas, e fatalmente irão fracassar como manifestação de poder. Todas propõem enfrentar o impulso por meio das subjetividades. A evasão, diferentemente, consegue por vezes esquivar-se do impulso, logrando evitar gatilhos e provocações ao mesmo.

Entretanto, mesmo reconhecendo alguma eficácia no domínio sobre o impulso por meio do estratagema de evasão, ainda assim há algo artificial – ou seja, não objetivo – em seu método para dominá-lo.

O que é definitivamente objetivo é que o *self* jamais consegue subjugar a si mesmo, porque o *self*, quando subjugado, em realidade, se torna uma mera projeção do *self* que subjugou. Esse é, portanto, apenas um estratagema da Mente Pequena. Em vez deste ardil, o que o nosso texto está sugerindo para contrapor-se a essa força campeã – o ímpeto – é habilitar, ou melhor, investir a sua Mente Ampliada. Em vez de subjugar, o que a Mente Ampliada faz é apenas tornar você um espectador crítico a fim de que tenha consciência de que não pode fazer nada. Quando isso é alcançado e exposto, a Mente Pequena se rende à Mente Ampliada e, a partir daí, nada precisa ser feito. Um poder ampliado se estabelece refreando, transformando ou simplesmente interagindo com o impulso de maneira totalmente diferente.

A Mente Ampliada revela uma outra objetividade, que é um aprofundamento do poder, agora investido de um propósito maior, mais reto e desapaixonado do que aquele que, até então, parecia real. Esse novo real impacta os impulsos e os descaracteriza em sua própria natureza. E nada mais precisa ser subjugado.

Esse entendimento não é trivial. E, para que não nos percamos no labirinto das subjetividades, é preciso que a Mente Ampliada esteja apoiada numa profunda objetividade, revelada por discernimento e inteligência.

Certa vez, andando por Tel Aviv, vi uma paródia desta frase da *Ética dos Ancestrais*. Ela estava sendo usada como uma forma de ativismo a favor da diversidade de gênero. Em vez de "Quem é forte? Aquele que domina (*kovesh*) o seu impulso", estava escrito: "Quem é forte? Aquele que ama (*ohev*) o seu impulso."

Para entender a profundidade desta paródia, temos que evocar exatamente o conceito de Mente Ampliada. A frase não está propondo a sujeição plena aos impulsos, ou seja, não está afirmando que "amar os impulsos" corresponderia a abrir mão de sua potência de investimento do poder e se entregar a eles. "Amar o seu impulso" é uma aceitação por meio da Mente Ampliada, na qual o impulso – inicialmente prejudicial à potência humana em gerir seus ímpetos – é transfigurado na própria força e no vigor de outra profunda natureza humana que emana do discernimento e da crítica. Então o impulso não é mais uma pulsão ou um arrebatamento, um arroubo desvinculado da consciência, mas uma manifestação legítima e objetiva e que, em vez de nos desvirtuar ou corromper, nos representa plenamente.

Vemos aqui que o tal "impulso" nada mais é do que a própria "subjetividade". O impulso não é apenas o disparo reativo, mas a personalidade específica em nós ou em nossa pessoa. Quem é forte? Quem domina a sua subjetividade. Essa tal subjetividade é uma espécie de "pena de si mesmo", uma preocupação consigo que deriva dos instintos de sobrevivência, mas que é, ao mesmo tempo, um subproduto, um descarte ou lixo, da autoconsciência.

Se você estiver sendo ameaçado, quanto mais preocupado ficar consigo, com tudo o que possa ter a perder, maior será a sua fraqueza. A força se intensifica pela objetividade. Se você reconhecer objetivamente o que está lhe acontecendo, passando ao largo das ansiedades e angústias, automaticamente se fortalece. Há solo e soberania, em vez da "areia movediça" da subjetivação.

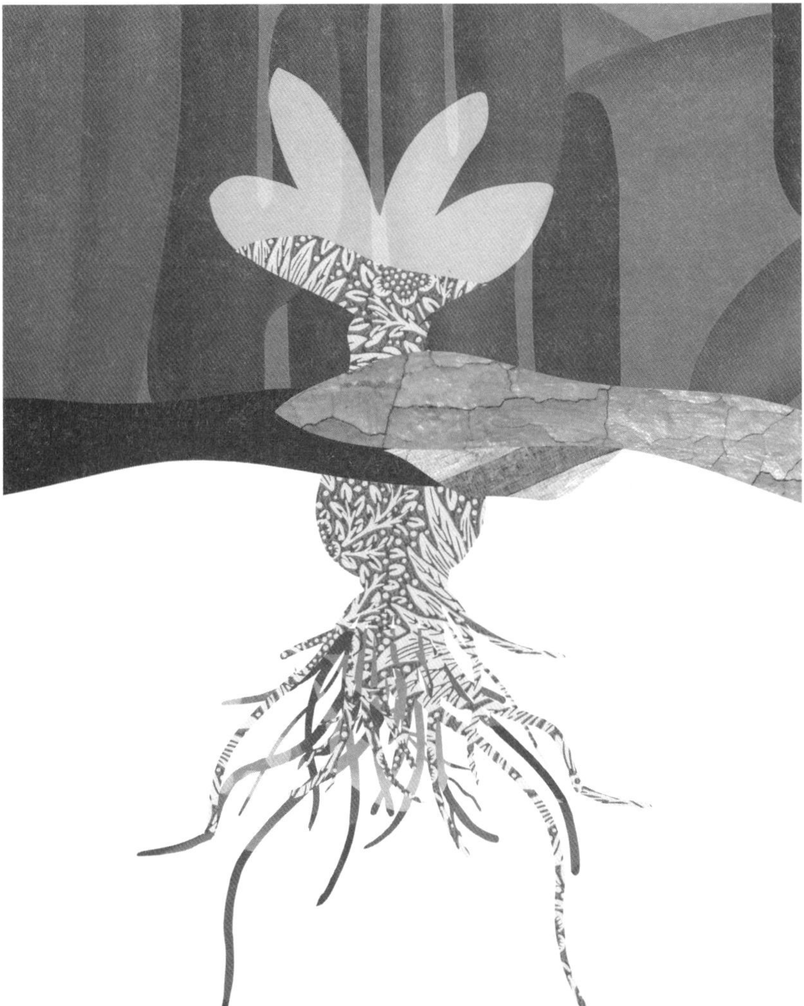

Poder cooperativo emocional – Honra

Quem é honrado? Aquele que honra os outros.
"O grande servirá ao menor."

Gen. 28:23

Aquele que se considera grande se tornará menor, como está escrito na liturgia: "Deus humilha o arrogante." Para tornar-se grande, a pessoa deve se esforçar para se considerar menos. A humildade é a chave para o desenvolvimento do caráter!

Rabi Zeev de Strikov recusava elogios porque dizia que eram uma forma de controle e dominação. Quando a pessoa é elogiada, ela fica imediatamente inflada de orgulho e se apequena. E a pessoa que elogiou, por admissão e desprendimento, fica de pronto engrandecida!

A honra é uma distinção, um merecimento, e é uma forma de poder. Diferentemente da força física, o prestígio ou a notoriedade é uma forma de armazenar poder emocional. Honrar os pais, por exemplo, o quarto mandamento, estipula uma hierarquia e, portanto, uma ascendência emocional. Por estabelecer prerrogativas, privilégios ou fama, a honra é uma forma emocional de predominância não pela via da força física, mas dos sentimentos e das emoções.

O pássaro estufa o peito e abre as asas, o cão late, o gato se eriça, cada um com o impulso objetivo de amedrontar e ameaçar o seu adversário. Impor-se como o "rei da selva", como o "senhor" sobre qualquer território ou âmbito, é um tipo de poder. Os egípcios propagavam seu poder colocando nas entradas de seu território gigantescas estátuas ou pilares para dissuadir seus inimigos a confrontá-los. A propaganda, por sua vez, trata de disseminar emoções que favoreçam influência e comando.

Para o humano, no entanto, há uma possibilidade de investimento dessa força emocional. Exatamente porque há subjetividade ou a presença de um sujeito que media a relação da pessoa com a vida, a honra não é apenas uma estratégia de aparências e reputações, mas de fato um recurso que permite conquistar nobreza e autoestima. A honra empodera um humano e lhe agrega valor não por via de uma aparência ou dissimulação de poder, mas por um verdadeiro destaque, por uma virtude objetiva.

As citações acima claramente reconhecem o poder existente na esfera emocional. Quem fica maior e quem fica menor nas trocas emocionais? A prevalência do "menor" em confronto com o "maior" ocorre justamente pela qualidade objetiva humana de se fazer humilde. A humildade não é uma encenação, mas uma aproximação ou acuidade em relação à realidade e, portanto, um expediente da objetividade. Dizia o Rabi Avraam de Porissov: "Ninguém é tão desorientado [sem noção] quanto o arrogante. Ele acredita em sua autoimportância mesmo diante da zombaria e do ridículo que as situações e a vida lhe impõem."

A arrogância, ao contrário da humildade, torna uma pessoa totalmente subjetiva e enfraquecida no plano emocional. O estado emocional de conhecer seu tamanho e sua potência é fundamental. Por isso o "elogio" pode ser uma arma, um meio para se obter poder, e Rabi Zeev, na citação acima, compreende isso. Um elogio, diferentemente de um reconhecimento, de uma verdadeira admissão de um feito ou conquista, pode ser um truque para exercer supremacia. Fazer do sentimento de honradez uma potência não é simples. A honra orgulhosa é, ao contrário, uma fraqueza.

Por esta razão, a citação de que o honrado é "aquele que honra os outros" modifica a direção da honra. A honra não é obtida quando a extraímos dos outros, mas quando a oferecemos aos outros. Isso assim ocorre porque a honra deve ser uma função da humildade, da objetividade emocional, e não da arrogância, a subjetividade emocional. Rabi Yoshua de Ostrovtsa evidencia isso através da seguinte comparação:

> *Os mentirosos são superiores aos arrogantes. Pelo menos o mentiroso não acredita em sua própria mentira. Já o arrogante acredita em suas fantasias enganosas e até sente orgulho por elas!*

Esse autoengano é fatal ao poder humano. Qualquer forma de orgulho é sintoma de subjetivação, e deveria alertar sobre a perda de poder. Essa compreensão depende de entender a forma pela qual se inicia e se alastra a arrogância. E isso começa com a atitude de saborear sua própria honra. A vaidade e o pedantismo são formas graves de subjetividade.

Para que a honra seja um investimento de poder humano, ela tem que ser obtida ao se honrar os outros. Tal inversão é contraintuitiva porque parece que o orgulho é ascendente, quando na verdade é descendente. E a humildade, que parece descendente, é, na realidade, ascendente e empoderadora.

> *De outra forma, o Talmud coloca esta ideia:*
> *"O rei perguntou: 'O que deve uma pessoa fazer para se tornar popular (querida*

> *por todos)?' Responderam os sábios: 'Tal pessoa deve odiar o uso de poder e de autoridade!' O rei comentou: 'Tenho uma resposta melhor que a sua: Que ele ame o poder e a autoridade para, a partir deles, conferir benesses e avanços à humanidade!'"*
>
> Tamid 32b

A busca da honra é amplificada pelo objetivo de "conferir benesses e avanços" e, assim, honrar a todos. Podemos ter desconfianças quanto aos "reis", mas a mesma situação e autoridade se aplicam ao mestre, ao professor. O que alavanca o poder da honra é seu investimento – a humildade.

É justamente a qualidade cooperativa da humildade que lhe permite ser um instrumento de poder. A humildade vulnerabiliza objetivamente e permite coadunar forças com outras forças. A condição de aprendizado humano depende de honrar os outros. Não seríamos capazes de aprender nada se não soubéssemos honrar e utilizar a verdadeira potência da honra. Rabi Moshe Leib de Sassov nos ajuda a compreender isso:

> *Quando uma pessoa ensina algo a outra pessoa é como uma vasilha vertendo conteúdo para uma outra vasilha. Mas, para que isto possa acontecer, a vasilha que recebe deve estar mais abaixo.*

Essa cooperação não é uma forma de submissão ao outro e nem de atendimento ao outro, mas de vinculação ao outro por objetividade. "Baixar sua vasilha" para poder receber o ensinamento é um posicionamento correto para fazer avançar seu poder. Honrar os outros estabelece assim uma corrente de poderes pela qual o humilde aprende e progride. Essa progressão depende de estar "abaixo". E realizar este ato é realmente um desafio gigante, exigindo muita força emocional. Portanto, "quem é o forte emocional"? Aquele que se faz honrado por honrar os outros, evitando a arrogância e se tornando verdadeiramente empoderado pela honra.

Assim é o poder investido por via da Mente Ampliada, atento à objetividade do poder, que tem por natureza acrescentar e alargar.

É importante salientar que a humildade, em sua manifestação de poder, é um recurso intrínseco da objetividade. Não devemos confundi-la com a humildade da esfera do afeto, essa sim, com a característica relacional de acolher o outro ou abrir espaço para o outro. Esse altruísmo é próprio dos afetos, em que os vínculos têm uma outra função. E não é por acaso que o poder parece fazer uma contraposição ao afeto.

O poder precisa estar desafetado. Essa é a sua condição objetiva. Ele é diferente do afeto, que busca ser sensibilizado ou abalado pelo meio que o cerca. O poder tem por essência sobressair e sobrepujar, então a humildade funciona especificamente como uma avaliação precisa e justa de grandezas.

Esse é um aspecto que demanda maturidade para compreender. Jovens e imaturos têm dificuldades com as relações de poder e não é incomum que confundam seu desafeto com insensibilidade ou até crueldade. A vida não pode prescindir do atributo do poder, e ele estará sempre presente. Com certeza, no futuro o poder terá uma relação sistêmica mais harmônica e sofisticada do que no presente. Porém estará lá executando sua função essencial para a vida.

A personificação do poder através da honra se manifesta na figura do líder. É a liderança que efetua o poder pela dimensão emocional. Além do atributo da força, a principal característica de um líder é se impor pela honra. Por um lado, há a expectativa de que o líder aja por objetividade, sendo efetivo na realização do poder. Por outro, também se espera dele a potência da honra. Nesse sentido, a expectativa que nutrimos a respeito do líder é a de que ele seja capaz, sobretudo, de tomar decisões. O líder não teme estar errado, algo que intelectuais e sábios tanto receiam. O grande temor do líder é não ser objetivo, seja no tempo de tomar a decisão, seja na forma de tomar a decisão. Essa objetividade não é o mesmo que acertar, e sim exercer poder da forma mais honrada possível, mesmo que diante da derrota ou do fracasso. E a robustez da liderança dependerá do investimento da honra, obtida pela capacidade de honrar a todos.

Sem honra, um líder é um déspota, alguém que usa o poder para si e, ao mesmo tempo, contra si. Ainda que esse tipo de atuação seja eficaz por algum tempo, haverá subjetividade em qualquer uso do poder apenas para si pois ele não está verdadeiramente voltado para empoderar. Esse poder sem objetividade, subjetivo, é, na realidade, uma fraqueza.

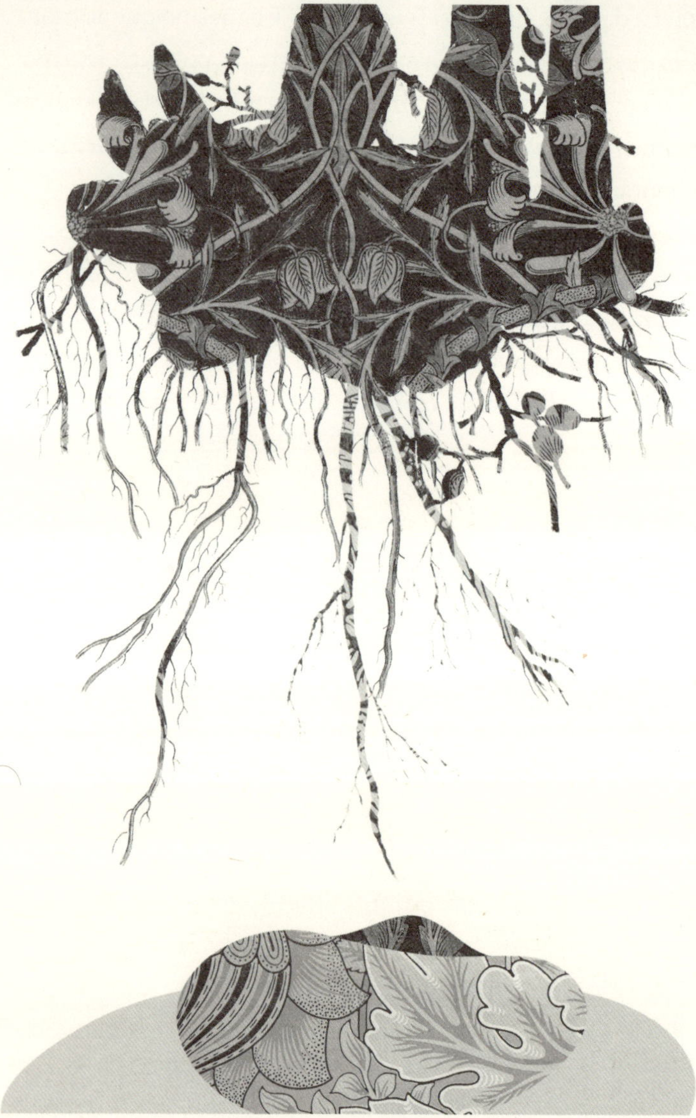

Poder cooperativo intelectual – Saber

Quem é sábio? Aquele que aprende
com toda pessoa

> Por três anos a Casa de Shamai disputou com a Casa de Hilel.
> O primeiro afirmou: "A lei está de acordo com a nossa interpretação!" O segundo então declarou: "A lei está de acordo com a nossa interpretação!" Então uma voz celestial anunciou: "Estas e estas são ambas palavras do Deus vivo; no entanto, a lei acompanha as determinações da Casa de Hilel!"
> Porém, se ambas as interpretações são "palavras do Deus vivo", qual é a razão para que a lei seja fixada apenas de acordo com as determinações da Casa de Hilel?
> Porque os seguidores da Casa de Hilel eram amistosos e modestos. Não apenas estudavam também as teses da Casa de Sha-

> *mai, como, inclusive, as mencionaram antes de apresentar suas próprias opiniões...*
>
> Talmud, Eruvin 13b

> *Um discípulo perguntou ao rabino de Ger por que ainda visitava o rabino de Kotzk, uma vez que ele já era até mais renomado do que o mestre. O rabino de Ger respondeu: "Até que uma pessoa reconheça que há alguém de quem pode aprender, não deve ensinar!"*
>
> Sichot II 28

O poder sábio habita a esfera intelectual. Saber é uma função do poder e, por definição, é uma forma de manifestação da própria objetividade. A ciência só decolou, produzindo progresso e poder para a espécie humana, quando se afastou de crenças e outras formas subjetivas de interpretar a realidade. Esse foi o trabalho fundamental e estruturante de pensadores como Spinoza. Eles expuseram a subjetividade existente nos propósitos preestabelecidos.

Não existem propósitos se estes forem meras elaborações subjetivas nas quais encaixar a realidade. O inverso é verdadeiro: só se pode reconhecer propósito depois de evidenciar a objetividade. Caso contrário, não será possível controlar a invasão de afeições e tendências. A construção do saber, assim, fica impedida.

A objetividade do saber está no atributo do foco. A etimologia da palavra saber deriva do latim *sapere*, ter gosto ou perceber pelo sentido do gosto. Não se trata do meu gosto, do meu jeito ou da minha preferência, mas, pelo contrário, de sondar e conhecer o sabor próprio a cada coisa. Por isso, o saber está ligado não só ao sabor – conhecer o sabor daquilo experimentado –, mas ao provar. O conhecimento não pode estar dissociado do objeto observado e estudado. Produzir este foco é a difícil tarefa do saber. Quanto mais limitado o saber, quanto mais afunilado e específico o saber, maior sua potência de não estar sendo indeterminado e tolo. Por isso o saber é potencializado por tudo aquilo que não se sabe. Quanto mais sabemos o que não sabemos, maior a potência específica daquilo que sabemos. Daí o saber ter o gosto particular do que foi provado, ou seja, o saber nunca é representado por uma fome desejosa e inespecífica.

O grande embate do saber, o poder do saber, é estar impoluto e livre de preconceitos. O fato de considerarmos a conjectura do "eu acho" é um alerta de que estamos contagiados constantemente por opiniões, todas elas propostas por desejos e fomes. Discernir entre gosto e fome, entre experiência e desejo, é a tarefa colossal, peso-pesado, de nosso poder na esfera intelectual.

Essa diferença fica clara na seguinte história:

> *O rabino Samuel veio até o grande mestre rabino Bunam e se apresentou a ele. O rabino Bunam lhe disse categoricamente: "Se você veio aqui para se tornar uma pessoa melhor, não deveria ter vindo. Mas, se você veio para aprender a ser uma pessoa melhor, então este é o lugar certo!"*
>
> Hasidic Anthology, p. 458

O saber começa pela disposição a aprender. Qualquer querer é uma crença, uma astúcia. As astúcias são inimigas do saber porque são movidas por interesses e desejos. *"A maior esperteza é nunca tentar ser esperto"*, esclarece Rabi Nachman de Bratslav. Todas as astúcias são afetadas quando o saber é um gosto; não se pode substituí-lo por qualquer coisa que não seja o que ele de fato é. Por isso o saber não é uma emoção, mas uma disposição.

Apresentamos histórias que tentam explicar por que o investimento do poder na esfera intelectual tem a ver com o sábio que aprende com todas as pessoas. A Casa de Shamai fica satisfeita com o saber como se essa fosse uma emoção a ser vivida e exaurida; já a Casa de Hilel não esquece durante todo o processo que o objeto, o foco, não é saber, mas aprender a saber. A opinião do outro, que permanece importante para a Casa de Hilel, a qualifica como mais "forte" que a Casa de Shamai no âmbito do poder intelectual.

Essa condição cooperativa, soma-não-zero do saber, tal qual a da honra é que faz o investimento e a alavancagem do poder se localizarem no outro. Saber a opinião do outro representa conhecer tanto um novo possível certo quanto novos possíveis erros. Sem a opinião do outro, a capacidade de saber o que não se sabe fica muito reduzida. Isso ocorre porque, independentemente de o outro estar certo ou errado, o outro é único, e, portanto, dele emanam saberes ou estultices com a mesma potência criativa e inovadora se comparada à nossa perspectiva pessoal.

A história do rabino Samuel e do rabino Bunam revela a qualidade agregadora do saber. Só se pode ensinar quando se está vinculado à cadeia do aprendizado. Qualquer um que se retire dessa corrente, por definição, estará subjetivado. Essa é a razão pela qual os rabinos tinham duas práticas sapienciais fundamentais: 1) nomear a cadeia de saberes de ancestrais não contemporâneos que os inspiraram no aprendizado e 2) evocar a opinião vencida ou a opinião da minoria quando se tratava de interlocutores contemporâneos. Essas duas correntes são fundamentais para não apenas oxigenar o saber, mas para mantê-lo na condição de uma disposição, não de uma emoção. A emoção do saber é querer "ser melhor"; a disposição do saber, por sua vez, é querer "aprender a ser melhor".

Neste quadrante do saber, a Mente Ampliada se manifesta pela resistência ao reflexo instintivo de oferecer (ensinar) e, contraintuitivamente, se dispõe a receber (aprender). Disposição contrária, apesar de análoga, à que ocorre com a honra: em vez de arrecadar para si (a minha honra), contraintuitivamente, eu a confiro aos outros.

O investimento está em aprender com todos, em particular, com nossas tendências e parcialidades. O rabino de Sadikov dizia: "Quem é sábio? Quem aprende com todos... e sobretudo com seu mau impulso!" A sabedoria adquirida é em muito extraída de equívocos e subjetividades que nos desafiaram e que conseguimos subjugar ou não.

A sabedoria é um tópico do poder e, para os humanos, o investimento está na Mente Ampliada – capaz de entender que a tolice, a inclinação à subjetivação, é sempre muito maior do que a objetividade. Razão pela qual nossa potência se torna exponencialmente maior quando aprendemos com todos. A diversidade e a multiplicidade iluminam possíveis tolices ou pontos cegos e, com elas, ficamos muito mais aptos a avançar rumo ao saber. Ter uma visão mais acurada de nossas subjetividades é o caminho mais objetivo para expandir nosso saber. Dizia o rabino Itschak de Berdichev:

> *Há luz que é ofuscante, há luz que é deslumbrante e há luz que é fraca. Mas não é assim com a escuridão: o escuro não tem gradação, já que qualquer redução da escuridão representa, na verdade, uma luz fraca. E assim é com o saber. Há pessoas geniais*

> *e outras que pouco sabem, mesmo após muito esforço. Porém, não é assim com os tolos. Para eles, qualquer gradação de tolice é simplesmente tola.*

O poder do saber está em vincular-se àquilo que expõe as subjetividades, ou seja, à potência de aprender com todas as pessoas, pois são elas que irradiam alguma luz, mesmo que estejam erradas. Quando dois indivíduos se vinculam por respeito e legitimidade ao saber um do outro, mesmo que totalmente equivocados em sua opinião ou interpretação, já estão no campo da luz, são envolvidos por alguma luminosidade. Um único indivíduo, mesmo que correto em sua análise, não poderá jamais provar nada. Sua identidade e sua consciência serão sempre subjetivas se não houver um outro olhar. Então, seja lá o que se souber ou o que se sentir, isso jamais poderá ser atestado e se converterá, inexoravelmente, em subjetividade. E assim, independentemente da qualidade do saber, sem a alteridade perdemos o foco.

Foco não é apenas a concentração num único ponto, no ponto mais importante ou principal de um objeto. Foco é a junção da imagem e da profundidade, ou o que os fotógrafos chamam de "profundidade de campo", ou seja, até que ponto um objeto se mostra nítido dentro de uma imagem. Para isso, temos dois olhos: enquanto um oferece a imagem de algo, o outro nos dá a profundidade de campo, e vice-versa.

Qualquer saber só terá valor até o limite de sua "profundidade de campo" específica. Depois desse limite, estará desfocado, e só o olhar de outro poderá oferecer profundidade. Além de testar o saber, a profundidade também nos permite provar que o que vimos tinha a nitidez própria da sabedoria e não da tolice.

A imagem representa a nossa análise, a nossa opinião; já a profundidade é a importância ou a relevância de algo em meio a outras imagens, a outros saberes. Para dispor de foco vamos precisar de várias importâncias. Afinal, a presença de uma única importância é, em si, outra definição de subjetividade.

É claro que se deseja que a imagem seja real ou que ela esteja o mais próximo possível do real. Juntar-se a um grupo de tolos e "aprender com todos" com certeza não representa uma medida de poder por via do saber. É por isso que a tradição judaica se refere à imagem, quando isolada, de forma diferente. *"Quem é sábio? Aquele que consegue antecipar o que está por acontecer!"* (Tamid 31b). Quem tem tal potência realmente é capaz de registrar uma imagem real. No entanto, ainda assim, será fundamental contar com a profundidade a fim de que ocorra uma observação objetiva.

O investimento do saber é a profundidade. Animais antecipam trajetórias no ataque e na fuga, por isso detêm formas sofisticadas de saber. No entanto, é a profundidade que confere ao ser humano a capacidade crítica e reflexiva. Tal nitidez, tal foco, é um recurso que impulsiona o saber exponencialmente.

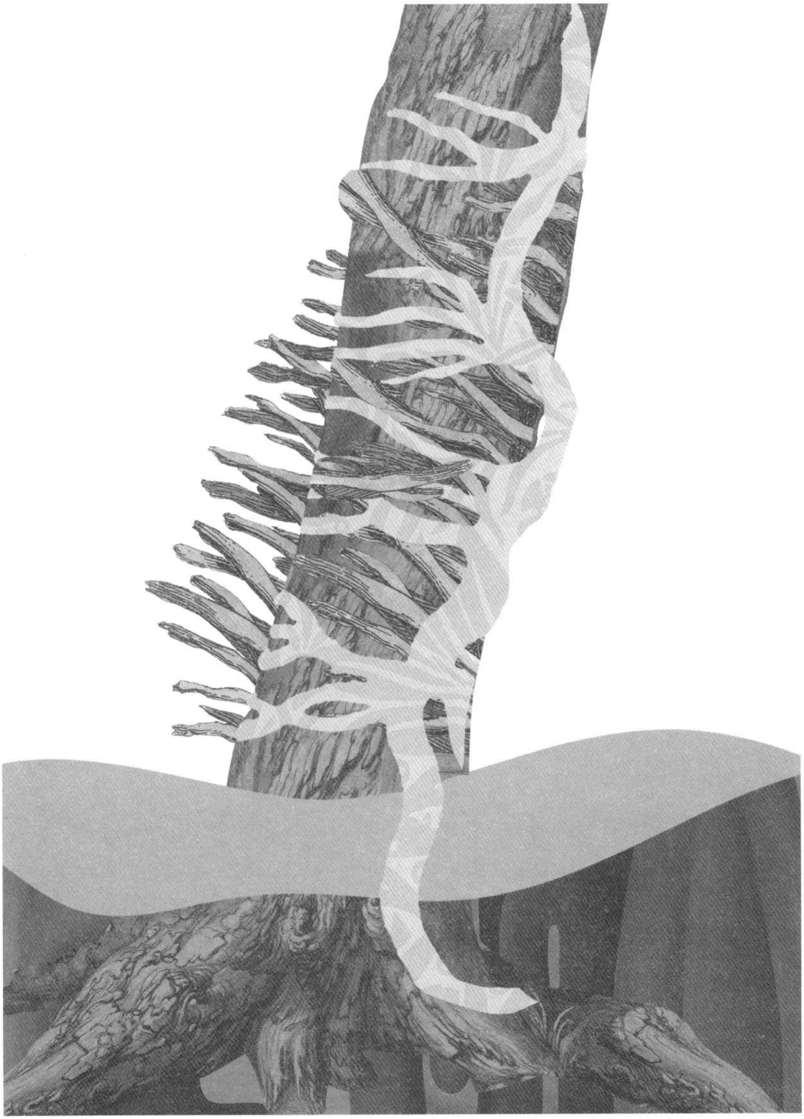

Poder competitivo espiritual – Riqueza

Quem é rico? Aquele que se contenta com a sua porção.

> *Perguntaram a Rabi Yoshua: "O que precisa uma pessoa fazer para ficar rica?" Ele então respondeu: "Dedique-se muito a seu negócio e aja com honestidade ao dar e ao receber!" Eles refutaram: "Muitos fizeram exatamente isso e não tiveram um bom resultado!"*
>
> *Rabi Yoshua replicou: "Nesses casos, possam eles suplicar por misericórdia para Aquele a quem todas as riquezas pertencem, como está escrito: 'Minha [de Deus] é a prata; e Meu [de Deus] é o ouro!'"*
>
> Talmud Nida 69b

Entender a riqueza como uma dimensão do poder é nossa primeira tarefa. Assim como a força impõe seu poder por prevalência ou domínio, a riqueza o faz por meio da posse e da absorção. A riqueza é uma atividade de arrestar ou confiscar para si, impondo-se pela potência de armazenar.

A forma mais simples de riqueza é a barriga cheia! O elemento principal nesse caso é a própria barriga, o recipiente capaz de armazenar e enriquecer. Por isso Rabi Yoshua começa sua "consultoria" falando sobre a competência de dedicar-se muito ao negócio. O ofício é o receptáculo da abastança. Sem ele não se pode armazenar a riqueza, razão pela qual a imagem da riqueza é uma bolsa de dinheiro. Sempre pensamos num belo punhado de moedas como riqueza, quando na verdade a riqueza está na bolsa!

A bolsa, ou o recipiente, representa o desejo de dilatar, engordar e incrementar. Normalmente tratamos com desprezo o impulso da riqueza que quer sempre mais. Atingido o primeiro milhão, quer-se o segundo, o terceiro! Essa, no entanto, é a própria definição da força, do poder representado pela riqueza. A riqueza é a parte de nós que "busca mais". Como dizia o rabino Bunem de Psisha: "A riqueza é como o sal: dá um gosto especial à comida, mas, quanto mais a pessoa bebe água salgada, mais sede sente!"

A vida está intimamente entrelaçada a essa potência. Não há nada de anormal ou excessivo, no âmbito da riqueza, com a pulsão de querer mais. Em realidade, desventurado é aquele que não busca a excelência, a fartura ou a afluência em alguma área da sua vida. Todos nós queremos ser ricos, não necessariamente de dinheiro, mas até de dinheiro. Esse reconhecimento da força da riqueza trouxe muita objetividade e mal-entendidos para a tradição judaica, cuja visão positiva da riqueza é mediada por valores. O mesmo aconteceu com as experiências comunistas e socialistas, que enfrentaram a subjetividade de suas propostas quando tentaram suprimir a riqueza de seus sistemas. O texto bíblico é bem objetivo neste item: "Pois nunca deixará de haver pobre [e rico] na Terra." (Deut. 15:11)

Quando desafiado a definir com maior precisão a riqueza, Rabi Yoshua reconhece que não temos controle sobre ela. A riqueza é um dado. E, se atentarmos para o duplo sentido da palavra, a riqueza é tanto o *dado*, o cubo de seis faces de um jogo, como também uma *dádiva*, um presente. Rabi Yoshua introduz nesta potência o elemento aleatório, ou que está à mercê do Criador. Como se falasse de uma primitiva "teoria do caos", o rabino aponta para algo muito importante: que o aleatório é uma manifestação de objetividade na categoria da riqueza.

Há certo teor de objetividade naquilo que a riqueza tem de aleatória. Quando se trata de armazenar riqueza, é esse teor o que nos permite perceber a diferença entre o ato de "forçar os limites para além da zona de conforto" e o de evitar "forçar para além da capacidade". O primeiro produz resultados; o último, esforços e recursos desperdiçados.

Por outro ângulo, a riqueza é uma espécie de "poder pessoal". Qual é o seu poder pessoal? E todos nós enxergamos a partir desta "sorte pessoal". "Fulano é rico", dizemos. Esse é, muitas vezes, nosso olhar para uma potência que vemos personalizada no vizinho. Como um resultado do seu próprio empreendimento de vida, da sua vida.

Novamente, para os mais frágeis e juvenis, a perspectiva do poder evoca sentimentos de divergência e injustiça. A objetividade contida no aspecto aleatório da riqueza pode, sem dúvida, produzir esta sensibilidade. No entanto, é a função sistêmica do poder, e, particularmente, do poder da riqueza, que opera de forma distinta. E distinto não é sinônimo de defeituoso.

> *"Mas Deus é o Juiz: a um [indivíduo] abate, e a outro, exalta." (Sal. 75:7)*
>
> *Ao que podemos comparar este mundo? A um moinho d'água num jardim! Suas vasilhas de barro inferiores sobem repletas d'água, e as superiores giram vazias. Então, nem todos que são ricos hoje o serão amanhã, e nem todos aqueles que são pobres o serão amanhã, porque o mundo é uma roda!*

A justiça rotacional da riqueza nos deixa tontos e, não raro, tentamos compreendê-la através da moral. Aceitar essa "rotação" em vez de um sistema de divisão igualitária não é simples, mas é uma atitude objetiva. Nessa objetividade está a força, o poder da esfera da riqueza.

Agora precisamos estabelecer, nesse território tão particular, o que seria um investimento humano com vistas à riqueza. Tendemos a considerar que o dinheiro foi a maior invenção relativa à riqueza, e tendemos a achar que ele está relacionado com a questão do investimento da riqueza. No entanto, uma invenção não é o mesmo que uma inversão. Sim, o dinheiro é um recipiente de dez, cem ou mil unidades de valor. Mas ele não é o negócio em si. O dinheiro é apenas uma bolsa, uma vasilha, um artifício desconectado da "roda" acima mencionada.

O grande investimento do poder da riqueza está na proposta da *Ética dos Ancestrais*, na qual se diz que o verdadeiro rico é aquele que "se contenta com a sua parte". Para entender esta proposta de investimento precisamos aprofundar a análise sobre a ambição particular do poder.

A riqueza tem uma natureza muito particular. Ela é a dimensão mais conceitual do poder. Com frequência associamos o próprio poder com a riqueza. Apesar de ser dependente da força, da honra e do saber, a riqueza representa a abundância e se confunde com a performance do poder. Não apenas isso, o poder tem a natureza de uma disposição, a mais basilar delas. A ambição é a base da coluna que forma, juntamente com o sexo e a alegria, as disposições. Como alicerce da grande Árvore e das disposições, contempla a maior proximidade com a essência original da vida.

Podemos dizer que as experiências mais vibráteis da vida são a ambição da riqueza na esfera do poder e do prazer na esfera do afeto. A primeira é a disposição interna da vida; a segunda é uma emoção relacional da vida. Não é por outra razão que simplificações e compreensões superficiais sobre a vida a reduzem unicamente à busca de riquezas e prazeres.

Como imaginar que a riqueza das riquezas, seu investimento na dimensão humana, possa ser "estar satisfeito com sua porção"? Estar "satisfeito" não se qualifica na esfera da riqueza. Definimos a riqueza como a pulsão por "buscar mais", por excelência ou primazia. Sentir-se saciado, realizado, é um estado que não caracteriza a riqueza, muito menos uma disposição. As disposições não são finitas, como o são os prazeres ou as emoções que se efetuam e se exaurem. A ambição, a libido e a alegria são centelhas perpétuas da vida, por toda a sua extensão, do nascimento à morte.

Outra questão é que estamos tratando a riqueza como a ambição "espiritual" ou "existencial" do poder. Deve causar estranhamento tal equivalência, já que a riqueza parece a mais mundana entre todas as ambições. Será exatamente por sua objetividade que ela será a "rainha" do poder, o território de maior investimento possível do poder.

Em nossa visão sistêmica para a coluna central (1, 2, 2, 1) a riqueza está associada à força. Assim como a força deve conter seu ímpeto, a riqueza deve exercer alguma contenção. No caso da força, a contenção parece ser algo contraintuitivo. No entanto, temperar a personalidade é um investimento mais potente do que se valer do uso constante da força. Isso deve ser feito a despeito de algo fundamental: o esforço para se preservar e tonificar a força. Continuar forte, cada vez mais forte, não está em contradição com a contenção do ímpeto.

O mesmo podemos aplicar à riqueza. Impor alguma continência à riqueza não significa anestesiar ou amansar tal disposição. Ao contrário, o investimento deve promover o desejo de se "buscar mais", porém no contexto da Mente Ampliada.

A primeira pista é oferecida pelas colocações a seguir:

> *Rabi Yechiel de Zlotchov costumava dizer: "Nunca precisei de nada além do que eu já tivesse. Porque, quando não tinha, era como se não precisasse daquilo." Por sua vez, Rabi Pinchas de Korets comentou: "Eu me acostumei a não querer aquilo que eu não tinha!"*

Ambas as propostas – de "só precisar do que já se tem" e de "só querer o que já se tem" – não são sobre a riqueza. Elas são propostas sobre as emoções "precisar" e "querer", ou seja, elas dizem respeito ao afeto. No entanto, tais visões permitem perceber a distinção entre a riqueza enquanto uma força – no âmbito do poder – e o consumo em sua condição de emoção – no âmbito do afeto.

Ficar rico não significa que se precisa ou que se quer tudo o que se tem. Quanto menos alguém precisar ou quiser tudo o que tem, mais rico entre os ricos se torna. Daí a nossa proposta sobre o campeão dos ricos ser o "satisfeito com sua porção". Trata-se de alguém que continua buscando mais, produzindo a partir de sua ambição. No entanto, nem tudo o que esse alguém tem é por ele possuído e confiscado. Um rico se alimenta ou atende a qualquer outra necessidade de forma finita. A partir daí se inicia um processo de subjetivação que mais cedo ou mais tarde revelará sua fraqueza. Sim, chegamos ao poder da riqueza quando temos mais do que necessitamos, porém o investimento da riqueza começa quando entendemos o limite não da riqueza, mas da necessidade.

Quem chega a este ponto se torna ainda mais rico. Com a mesma ambição, ou com uma outra ainda maior, essa pessoa descobre que a riqueza não está circunscrita às suas necessidades. Ela pode se estender à sociedade e a suas causas – o que, por sua vez, amplia o escopo da ambição. Então, sem que a disposição ambiciosa por riqueza seja cerceada, a finalidade da riqueza se alarga objetivamente.

Portanto, "estar satisfeito com sua porção" não é uma chegada, um abandono da disposição, e muito menos uma proposta "subjetiva" por um viés moral que limite a disposição.

É algo que corre solto, assim como a "mercê do Criador" também corre solta, e é a Mente Ampliada que possibilita investir o poder em escala tão maior. A árvore exigirá as mais fortalecidas raízes possíveis, o que só ocorrerá objetivamente com a ampliação do que lhe compete carregar sobre elas. Uma árvore mais frondosa, com demandas maiores, estimulará as raízes a uma riqueza maior.

Tudo isso para dizer que a riqueza apenas começa com a abundância! O que se fará daí por diante com ela determinará o verdadeiro grau da riqueza. Uma riqueza que vai ampliando necessidades artificiais e ilusórias é uma forma de subjetivação que, em dado prazo, enfraquece!

O tal componente que Rabi Yoshua menciona – "a mercê do Criador" – está no elemento do tempo, da exposição à vida que determina a riqueza. Esse é o sentido da roda, do moinho d'água, que tem em sua cadência a presença do tempo. Lidar, portanto, com a riqueza, significa experimentar certa maturidade. Só a maturidade pode trazer a plenitude que revela o tino pessoal e competitivo de cada um.

Podemos também conhecer melhor a textura que tem a riqueza ao correlacionar o item "espiritual" das várias disposições, como já trazido em livros anteriores. A riqueza está para o poder como a nubilidade está para o sexo, e como a graça está para a alegria. Três medidas imprescindíveis que se manifestam por excedente e por transbordamento.

QUADRO SISTÊMICO DO PODER

ESFERA	FÍSICO	EMOCIONAL	INTELECTUAL	ESPIRITUAL
AMBIÇÃO	FORÇA	HONRA	SABER	RIQUEZA
APTIDÃO	ESFORÇO	OBJETIVIDADE	FOCO	MATURIDADE
DOMÍNIO	IMPULSO	IMAGEM	PROFUNDIDADE	MEDIDA
INVESTIMENTO	AUTOCONTROLE	VULNERABILIDADE	ALTERIDADE	VALOR
NATUREZA	COMPETITIVA	COOPERATIVA	COOPERATIVA	COMPETITIVA
MOTIVAÇÃO	VENCER	INFLUENCIAR	IMPRESSIONAR	TRIUNFAR
GANÂNCIA	AUTORITÁRIO	PREPOTENTE	ARROGANTE	TIRÂNICO
ABUSO	MONOPÓLIO	INTOLERÂNCIA	ARBITRARIEDADE	HEGEMONIA
SUBJETIVAÇÃO	COBIÇA	MANIPULAÇÃO	IDEOLOGIA	EXCLUSÃO
MODELO	AUTORITARISMO	DITADURA	SUPREMACIA	TOTALITARISMO
OPRESSÃO	VORACIDADE	AVIDEZ	MESQUINHEZ	AVAREZA

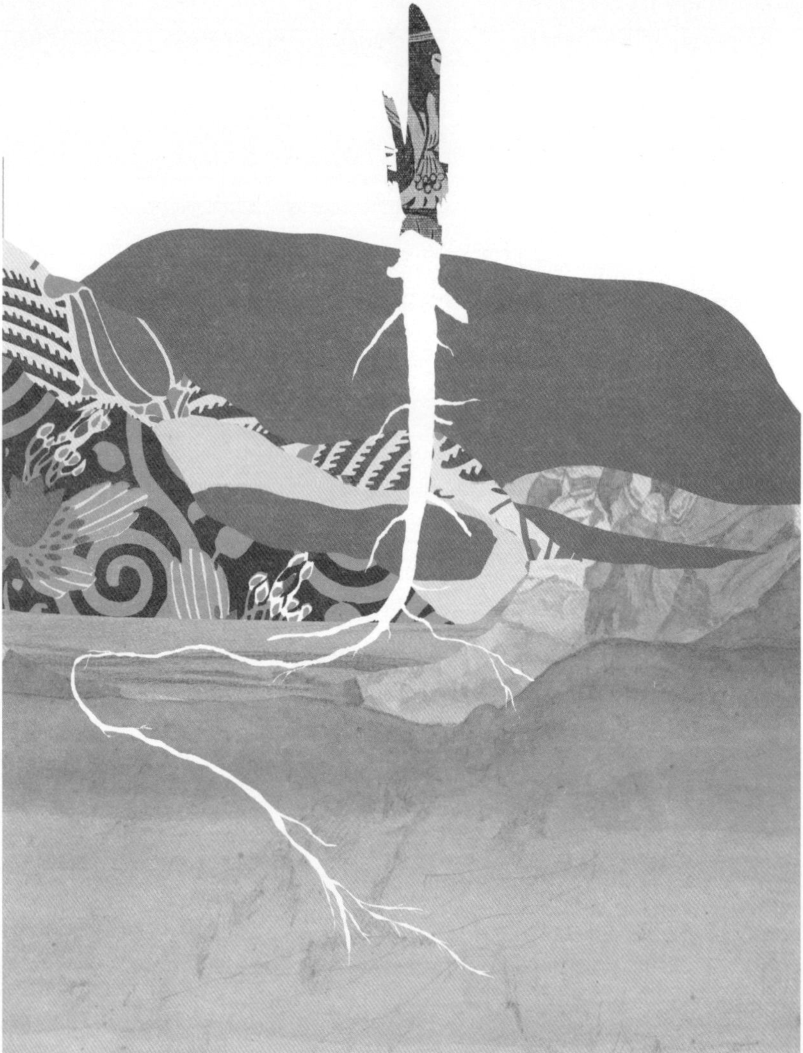

III

GANÂNCIAS

(Poder subjetivo)

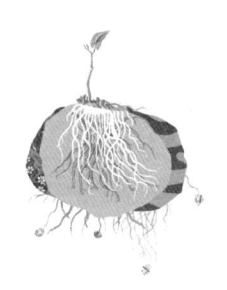

Ganância

> *Nossos sábios ensinaram: "Há quatro situações em que o forte teme o fraco: o leão tem medo dos répteis peçonhentos; o elefante teme que o pernilongo entre em sua tromba; a águia teme que a andorinha fique entre suas asas e a impeça de voar; e o Leviatã, um animal gigante, tem medo de espinhos." Rabi Judá então perguntou: "Em qual versículo se baseia isso?" E logo depois respondeu: "Ele fortalece o frágil diante do poderoso!"*
>
> Amós 5:9

A ganância, diferentemente da ambição, é um medo! E um medo é uma subjetivação.

O medo é o sentimento mais intenso de autorreferência. Enquanto todos os outros sentimentos têm seu epicentro no indivíduo, o medo tem origem no instinto de sobrevivência. Por isso, o medo produz o que poderíamos qualificar como o único "sentimento" do mundo animal. Todos os outros sentimentos que identificamos nos animais são apenas emoções. As emoções mobilizam os animais com a mesma natureza do sentimento humano, mas não são reflexivas. Não há um "eu" para rebater a experiência desses movimentos de humor, ou das "moções" emocionais. O que se produz é um afeto habitual ou uma aversão habitual a indivíduos ou elementos do mundo externo. Isso ocorre sem que exista um sujeito para refletir sobre os impactos ou o futuro dessas interações; sem um sujeito com suas preocupações.

O medo, no entanto, é capaz de subjetivar até mesmo um animal. Essa é a razão pela qual a história com Rabi Judá se ocupa da fraqueza dos fortes, manifestada sempre que eles são expostos à "consciência" de seu sujeito. Para reagir a uma ameaça existencial, o medo precisa gerar um senso de "corpo" ameaçado. Em geral o medo atiça o modo "vale tudo", a clareza do "tudo ou nada", e assim pode engendrar poder. É algo bastante objetivo saber que uma ameaça é vital, e o medo animal deveria cessar nesse ponto. A história com Rabi Judá, entretanto, tem a função de alertar sobre a intensidade penetrante do medo – algo capaz de gerar vestígios de subjetivação.

Observado a partir de um terceiro ponto de vista, um leão não deveria temer um pequeno réptil, nem um elefante deveria ter medo de um pernilongo. Acontece que a ameaça é retirada do contexto da sobrevivência e colocada na esfera do desconforto. Para algo pequeno nos afetar, temos que estar subjetivados. A coceira que irá causar a picada de mosquito é antecipada, a queimadura do sol a ser evitada é antecipada... Todos os possíveis "desconfortos" são situações que "enfraquecem" o poderoso. Por isso, soldados em batalha não levam guarda-chuvas consigo. Um soldado que se preocupa se vai se molhar está subjetivado por desconforto, por preocupação consigo mesmo, e se enfraquece. Da mesma forma, um mero inseto pode impedir uma pessoa de entrar num cômodo!

A ingerência de sentimentos no campo das disposições, via de regra, tem efeito debilitante. A ganância é uma das mais graves subjetivações que podemos experimentar, justamente porque tem como escopo o próprio poder, ou seja, uma subjetivação do próprio poder.

Vamos tratar, sob a forma das fraquezas, a subjetivação nas várias esferas do poder. São as fraquezas que pervertem a ambição e a transformam em ganância. E, se a ambição é a autêntica manifestação do poder, a ganância é sua subjetivação.

Como vimos, o poder é uma disposição para ocupar e conquistar. Ele integra as três grandes disposições da vida, as quais deveriam ser blindadas de sentimentos: a alegria, o sexo e a ambição. Os sentimentos, por não serem objetivos, fragilizam as disposições. Vamos identificar esse fenômeno na alegria, por exemplo, através do desejo subjetivado, autoconsciente, de manipulá-la. O desejo de viver momentos exclusivamente felizes, evitando os infelizes, pode assumir uma forma extremada, em que se faz uso de drogas para "administrar" a alegria. O resultado é um efeito contrário, que acaba por abrandar e retrair a própria felicidade. O mesmo ocorre com o sexo, caso a disposição seja afetada por medos, inseguranças e toda sorte de preocupação. Até o "amor" pode subjetivar a disposição sexual e afrouxá-la. A objetividade da disposição precisa se manter firme para que não seja afetada e reduzida.

O mesmo ocorre com o poder. O que quer o poder? Quer apenas se impor e conseguir. No entanto, quando visto ou percebido por um sujeito, adquire os contornos de uma contenda. É essa a diferença entre "defrontar" e "confrontar". A primeira ação evidencia um obstáculo; a segunda, uma disputa. Uma está centrada no "problema" que se interpôs; a outra identifica antagonismo através de um sujeito subjetivado.

Essa disputa pode ser subjetiva em relação a outra pessoa, mas é frequente que seja uma contenda consigo mesmo, com seus sonhos, expectativas, enganos e, principalmente, medos.

Todo poder deseja ganhar, porém seu objetivo não é superar o outro ou glorificar a si mesmo, mas tão somente dar conta do objetivo ou do problema da melhor forma possível. Nos esportes, por exemplo, quando dizemos que tanto faz ganhar ou perder, a intenção é distanciar-nos da rivalidade e nutrir o "espírito esportista". Mas é claro que "ganhar" é sempre o objetivo de um enfrentamento. O poder, por definição, não quer ceder ou render-se, mas há diferenças entre o êxito e a vitória. O triunfo é um sentimento, uma subjetivação, seja por via da glória ou da inveja. Querer vencer é algo tão subjetivo como querer "perder" quando se está motivado por um sentimento tal como a compaixão ou a pena.

> *Falando em nome de Rabi Ishmael, Rabi Kahana disse: "Um salmo para Quem faz os outros serem vitoriosos!" [lamenatseach] (Sal. 13:1). Depois, comentou: "Um salmo para Quem se alegra quando os outros são vitoriosos sobre Ele!" Faça uma pausa e medite, pois o comportamento do Criador é distinto de quem é de carne e sangue. A atitude de quem é de carne e sangue, quando vencido, é se afligir. No entanto, quando outros são vitoriosos sobre o Criador, Ele se apraz!*
>
> Meg. 31a

A ganância é a sombra do poder, o outro lado do poder, que é uma experiência particular do ser humano – que é de carne e sangue. Quando a relação entre o humano e a vida é subjetivada, o resultado é desinvestimento e pequenez em vez do fomento das capacitações arrojadas. Entenda-se por "carne e sangue" a presença do "eu", de um sujeito. E como dizia o rabino de Kotzk, *"o 'eu' é um ladrão oculto!"*. O "eu" está constantemente nos roubando nossa potência investidora.

É o "eu" quem produz invejas constantes, comparações e confrontos incessantes que corrompem o poder e o transformam em ganância.

Só o Criador pode ansiar "perder" e não contaminar o poder com subjetividade. O moralismo e a ganância são formas de poder subjetivas. O primeiro se manifesta em sentimentos afetuosos; a segunda, em sentimentos raivosos.

Para que possamos nos parecer com esse Criador que torce para ser derrotado por suas criaturas, tal como faz uma mãe ou um pai maduro, precisamos estar investidos de poder, ampliando a objetividade por meio de uma Mente Ampliada. É perdendo que podemos acessar aspectos divinos e nobres dentro de nós; aspectos capazes de ampliar a potência fazendo justamente o que parece nos afastar do poder.

Mas agora vamos analisar, em diferentes esferas, o processo inverso: de desinvestimento do poder. Estou me referindo às ganâncias, elementos profundamente infiltrados no âmbito do poder e que, a longo prazo, o debilitam.

Tirania física – Cobiça

> "Uma pessoa é invejosa de todos, exceto seu filho e seu discípulo!"
>
> Rabi Yose ben Honi, Sanh. 105b

> Um provérbio diz: "Seja cabeça entre as raposas, e não cauda entre leões!" No entanto, Rabi Matia ben Heresh disse: "Seja cauda entre os leões e não cabeça entre as raposas!" (P.A. 4:20)
>
> Sanh. 22b

Enquanto elemento físico do poder, a força se manifesta por uma ambição de afirmação e expansão, o que ocorre através do esforço. De forma objetiva, o poder identifica um proveito e aplica determinada quantidade de força frente a um empecilho específico.

No entanto, uma parte importante da ambição deriva da inveja. Exatamente por sermos reflexivos, por dispormos de uma consciência subjetivante, é nela que todos os estímulos impactam e reverberam. O resultado é uma produção de ambições em escala exponencial. Em grande parte, essas ambições não se relacionam com a realidade objetiva, mas subjetiva.

Vemos assim não apenas coisas que queremos, mas vemos o que os outros querem e nos identificamos não apenas com o objeto, mas com a ambição alheia. A ideia de que invejamos quem quer que seja, à exceção de nosso filho e nosso discípulo (apêndices de nossa própria identidade), revela a presença de um outro campo do poder que não é a realidade em si, mas algo que se estrutura a partir do imaginário e do pessoal.

Esse campo pode ampliar o poder humano se efetuado pelo investimento com vistas ao "controle do próprio ímpeto". Sem que façamos uma gestão de nós mesmos, sem que procuremos fazer uso da objetividade a fim de corrigir o efeito do desvio causado pela identidade, o resultado é que enfraquecemos.

A inveja, no entanto, pode ser positiva e se manter na esfera da ambição. Se a inveja promover esforço, se ela não perder o foco objetivo de alcançar o que é próspero e benéfico para si, então permanecerá no campo do poder. Se, no entanto, cruzar a fronteira, contaminando com ciúme ou com o desejo de arrebatar a experiência do outro e não a sua benesse, então esse terá sido o início de um processo de ganância e, mais especificamente, de cobiça.

Pensemos nos Dez Mandamentos. Há uma razão para que o comando *"não cobiçarás"* seja o último de todos. Isso evidencia que ele é o corolário mais básico e terreno (*Malchut*) relativo ao poder. Aquele que cobiça não deseja uma esposa *como* aquela que é cobiçada nem uma vaca *que equivalha* àquela que é cobiçada, mas a própria esposa e a própria vaca cobiçadas. No Reino Animal, quando um indivíduo afronta o outro para lhe tomar sua fêmea, tal dinâmica permanece no âmbito da força e do poder. Um animal ataca o outro por aquela fêmea, objetivamente. Para o animal, o esforço se dá por uma parceira equivalente, apesar de, naquele momento, lutar por uma específica. Nesse caso, o objeto almejado é qualificado não por ser "do outro", mas meramente por ser um item ao qual se aspira. Um ser humano, por sua vez, encontra dificuldades em separar o item objetivo do item subjetivo. Por isso desenvolvemos o investimento de "controlar o ímpeto" como um aspecto ampliado de nossa potência. Querer igual ao outro, interditando e eliminando a opção de tomar o que é do outro, tornou-se uma forma humana de poder.

Para o poder humano, fazer esforço quando se está motivado com a fome animal é uma incontinência. Trata-se de um desinvestimento, da frustração de sua potência. A "mulher do outro" só se reverte à condição de uma ambição caso você busque conquistar uma mulher *como* a do outro. Assim ocorre com qualquer outro objeto de desejo. Claro que você pode usar sua força animal e tomar algo do seu vizinho, mas a força alavancada pela civilização humana imporá a você sua potência. A partir de recursos coletivos e das instituições, uma força muito maior se efetivará. Essas instituições são reais e foram construídas impondo-se através de forças objetivas a partir da vida humana. Elas são forças reais!

A cobiça advém do modelo de se estar entre "cabeça de raposas", capitaneando espertezas. Ludibriada pela sensação de estar na dianteira, na cabeça, a força se perde no labirinto das "raposas", das espertezas. Melhor seria estar na retaguarda do leão, da coragem e da força objetiva, do que se perder em projeções e fantasias subjetivas. A raposa fixa nas estratégias, mas o uso da força só é eficiente no campo da tática. Cabe à força contida na raiz encontrar a técnica capaz de se espraiar terra adentro. Sonhar com a árvore que se desenvolverá não se compara à potência objetiva de avançar um único milímetro no solo.

A cobiça sonha grande e desperdiça oportunidades certeiras de fazer seu interesse avançar. A cobiça quer atalhos. Para a força, musculatura e robustez estão intrincadas em cada etapa e seu devido esforço.

> *Um homem caminhava no campo com uma moringa de leite na mão quando cruzou com uma cobra sedenta. A cobra perguntou: "O que é isso?" O homem respondeu: "Uma moringa com leite." Ao ouvir a resposta, a cobra então implorou: "Se você me der esse leite, prometo levá-lo*

aonde há tanto dinheiro que ficará rico!" O homem entregou o leite, e a cobra o bebeu de imediato.

A cobra então se pôs em movimento, e o homem a seguiu até uma grande pedra. A cobra disse: "O dinheiro está debaixo da pedra!" O homem removeu a pedra e encontrou uma pequena fortuna, que recolheu a fim de levá-la para casa.

Nesse momento, a cobra se enrolou em seu pescoço. Quase sufocado, o homem conseguiu murmurar: "Por que está fazendo isso?" A cobra respondeu: "Eu vou te matar porque você está roubando meu dinheiro!" O homem então suplicou: "Venha comigo à corte de Salomão!"

Homem e serpente apareceram diante do rei Salomão, que questionou o réptil: "O que você quer?" Ela respondeu: "Quero matá-lo e cumprir com o que está nas Escrituras: 'E tu lhe ferirás o calcanhar'" (Gen. 3:15). Salomão então reagiu: "Mas já que estamos presentes numa corte de justiça, não me parece correto que seja você, e não eu, aquele que esteja decidindo esta contenda!" Ao ouvir isso, a cobra concedeu e deslizou, liberando o pescoço do homem.

> *Salomão disse à cobra: "Agora você pode apresentar seu caso!" "Quero matá-lo como está nas Escrituras!", respondeu a cobra. E o rei disse ao homem: "E sobre você está escrito: 'E tu a ferirás na cabeça!'" (Gen. 15:3).*
> *De imediato, o homem saltou para o lado e esmagou a cabeça da cobra. Daqui se origina o provérbio: "Esmague a cabeça até mesmo da melhor das cobras!" (Sanh 21b)*
>
> Num. Raba 19:3

Temos aqui a metáfora de um encontro com a cobiça. A sinuosidade da cobra, semelhante à esperteza da raposa, é a própria cobiça. O homem carrega na mão o seu ativo, sua força, que é o leite. A cobra irá se interpor por meio de sua sede e contagiar o homem, incutindo nele também uma sequidão. Ela irá ludibriá-lo, propondo-lhe o que parece ser um investimento: trocar "leite por fortuna!". O seu interesse, no entanto, não está nesta transação de fachada. A cobra quer cumprir sua função, subjetiva e pessoal, determinada no episódio de Gênesis: no Paraíso, ao induzir Adão e Eva a comerem da Árvore da Sabedoria, instituiu-se uma inimizade perpétua entre cobra e humanos.

A revelação de que o falso investimento do homem não produziria poder, mas fraqueza, se dá quando de súbito a cobra se enlaça em seu pescoço. E aqui ressurge o território real da força. Sobrepujado, o homem ficou indefeso justamente porque se afastou do campo objetivo da força. Ele precisa reverter a situação e objetivar a disputa. Esta, na realidade, não se tratava de leite e dinheiro, mas de uma agenda particular da cobra.

O homem então começa a reparar seu erro. Entrando na seara da própria cobra, ele a seduz com a cobiça de legitimar o seu pleito e tirar sua vida num tribunal. A corte é a possibilidade de triunfo da cobra. Ao fazer isso, ela perdeu o mando objetivo do seu poder, manifesto pelo aperto no pescoço do homem. O tribunal é o cenário apropriado para a reversão ao mundo objetivo da força, oferecendo ao homem uma chance de resgatar seu poder.

A renomada sabedoria de Salomão entra em cena, e seu primeiro movimento é expor objetivamente a verdadeira razão por trás da desavença: não o episódio do leite-dinheiro, mas a mítica inimizade entre cobra e humanos. O segundo movimento de Salomão para reverter a situação ao campo da força é o de questionar a quem pertenceria o mando dentro de um tribunal e a quem caberia estar no pescoço de alguém.

Ao deslizar do pescoço do homem, a cobra cedeu pela segunda vez a um movimento de objetividade. Agora sim, diante da verdadeira agenda, na condição real reivindicante da cobra, o homem vai sendo gradativamente empoderado. Salomão, com a nobreza de um sábio, dá à cobra a possibilidade de apresentar seu caso. Ela então evoca o versículo de

Gênesis para justificar sua incumbência de cassar o calcanhar dos humanos. É assim que cai na armadilha sapiencial, permitindo a Salomão recitar a segunda parte do versículo, onde se afirma que compete ao humano esmagar a cabeça da cobra.

E... *touché*! O homem recupera sua força objetiva e a executa com a precisão e a intensidade que lhe são próprias: salta para o lado e desfere o golpe certeiro na cabeça da cobra!

Conclusão: não importa quão arrebatadora possa ser a serpente, mesmo a melhor delas! Não se deve embarcar no seu canto de sereia. Ela quer nos tirar de nossa potência de força. A advertência é para que resistamos à subjetividade da cobiça. Como se faz isso? De súbito, dê um salto para o lado e esmague a cabeça da cobra!

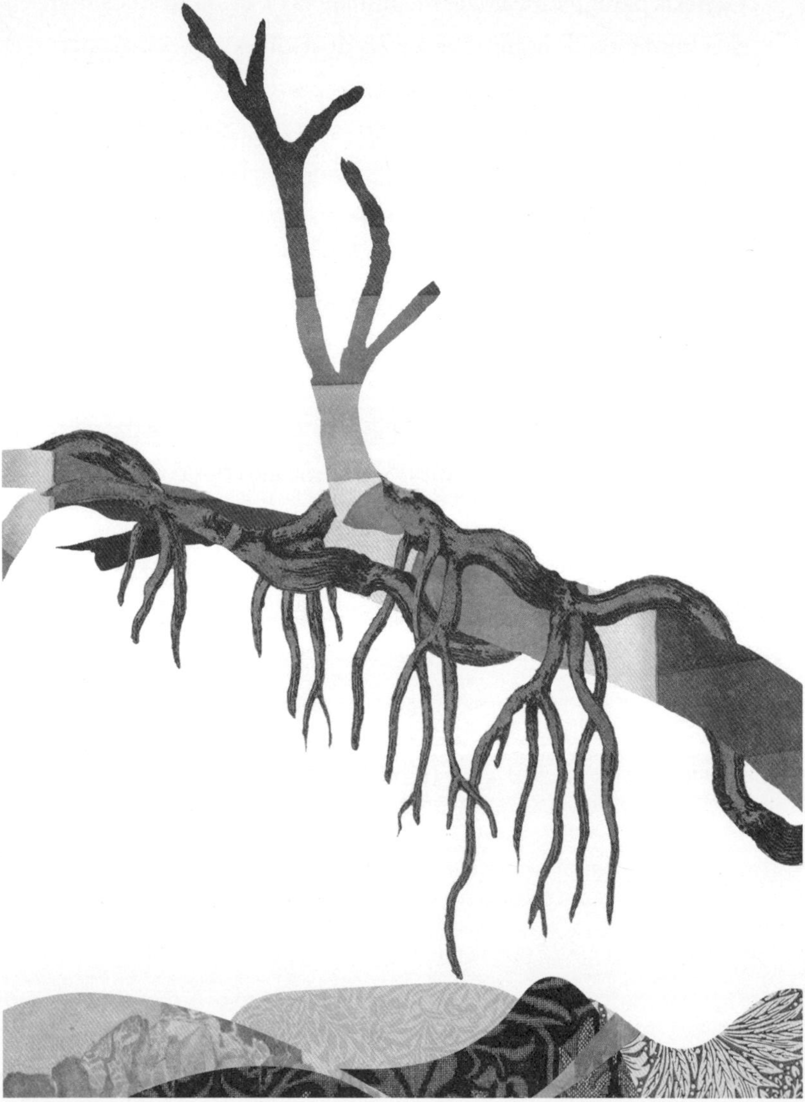

Tirania emocional – Manipulação

> "Ninguém depende tanto do outro quanto aquele que busca a glória!"
>
> Rabi Nachman de Bratslav
>
> Rabi Levi disse: "Os demais rios perguntaram ao Eufrates: 'Por que o seu som é quase inaudível?' O Eufrates respondeu: 'Não preciso de um som alto: os meus feitos me tornam conhecido! Quando uma simples muda de árvore é plantada ao meu lado, se torna robusta em três dias!'
>
> Então os outros rios perguntaram ao rio Tigre: 'Por que o seu som é tão audível?' Ao que o rio respondeu: 'Eu gostaria que o meu som fosse até mais audível, para que as pessoas reparassem ainda mais em mim!'"
>
> Gen. Raba 16:3

O poder da influência se dá através da honra e do bom nome, que representam as potências emocionais. Trataremos da corrupção da legítima ambição por honra e por um "bom nome" abordando a ganância da manipulação e da propaganda.

Como mencionado no trecho anterior, a glória, o desejo de honra, pode se tornar uma forma de submissão. Quanto mais perturbados ficamos com o olhar e o julgamento do outro, menos autônomos e mais fracos nos tornamos. Por isso, as pessoas que conquistam um lugar público, seja pelo fato de estarem no comando ou de serem uma celebridade, devem ser cuidadosas para não ampliar seu "poder" sobre os outros – isso pode lhes custar a perda de poder sobre si mesmas. A honra pode ser profundamente debilitante, a ponto de reduzir a força do próprio viver. Ficamos chocados quando celebridades que detêm poder financeiro e consagração tiram a própria vida tendo como *causa mortis* a fragilidade e o abatimento!

Quando analisamos o investimento do poder emocional, apresentamos a versão mais potente da honra como sendo "daquele que a todos honra". Nessa definição, fica evidente a diferença dos conceitos de fama e honra. A fama é um ato de nos percebermos acima dos outros; já a honra depende de colocarmos os outros acima de nós. Ou seja, a fama afasta uma pessoa da realidade, enquanto que a honra localiza o indivíduo e o aproxima da realidade.

O rabino Rafael de Bershad explica esse fenômeno com uma outra consideração:

> *Aquele que recebe uma honra não é tão grande quanto aquele que concede uma honra, visto que o primeiro é um recebedor, um destinatário da honra. E um recebedor é sempre menor que um doador.*

Assim como os demais aspectos do poder, a honra depende da objetividade. Se a honra for passiva, recebida de outrem, ela fragiliza a liberdade e a independência. Daí a razão de buscarmos a "honra obtida de a todos honrar". Se a honra é o retorno do somatório das honras que oferecemos, então estamos no âmbito do poder. E se oferecemos honra aos outros, então assumimos a condição de doadores, e não de "recebedores". A honra pode ser uma estratégia, um objetivo de poder, mas só pode ser alcançada por táticas. A tática é sempre uma ação, uma aplicação de força – algo que é próprio a um doador!

E essa inversão, de doador e recebedor, nós fazemos constantemente. Precisamente porque a honra parece representar algum tipo de ganho ou recebimento, perdemos a noção de que deve ser uma ação expansiva, ativa e doadora – nunca passiva. Esse é um paradoxo que faz crianças cheias de privilégios conhecerem a fraqueza do mimo; animais paparicados viverem a debilidade da domesticação; e pessoas que vivem em abundância sofrerem a atonia da depressão. Todos estes "recebedores" representam formas de definhamento do poder.

Essa é a razão pela qual o rio Eufrates não precisa se fazer ouvir. Seus feitos são o seu poder; ele não está interessado nas migalhas ou nos resíduos de poder. Estes são representados pelo ganho do rio Tigre, que deseja que os outros nele reparem. O foco da honra é o bom nome – não o que os outros nos concedem, mas o que é conquistado por fruto dos "feitos". E os feitos, a potência de robustecer qualquer muda de planta plantada nas suas cercanias, representa, a médio e longo prazo, o próprio poder.

É verdade que certas formas de propaganda e manipulação podem oferecer resultados imediatos e produzir bolhas de poder. No entanto, elas não são capazes de construir. Um poder sem construção é um vento, um evento passageiro. Mais ainda: quando a propaganda não é lastreada em "feitos", mas apenas no "ruído audível", sempre haverá desgaste e degradação.

> *Rabi Judá disse em nome de Rav: "Quando uma pessoa se vangloria, se for um sábio, sua sabedoria o abandona; se for um profeta, o dom da profecia dela se aparta."*

Ser sábio ou profeta é uma honraria que não se alcança na condição de "recebedor". Vangloriar-se, investir no invólucro em detrimento do conteúdo, é a ganância e o equívoco de se chegar à honra e à influência como um "recebedor".

Aliás, o título de "influenciador", tão profuso na atualidade, mesmo que em sua forma mais supérflua, frívola e melíflua, empodera os que "entregam" algo e se fazem assim doadores. Ao mesmo tempo, seus feitos (ou invólucros) são tão vazios e pífios que seu poder é relativo e fugaz, a ponto de não passarem pelo processo de serem "destituídos" de seu poder, mas apenas substituídos – como se este nunca tivesse existido.

Qualquer forma de alavancagem falsa do poder, seja ao subjetivar-se e iludir-se quanto à sua verdadeira potência, seja aproveitando-se da subjetividade do outro para sobre ele exercer influência desleal, é uma estratégia equivocada e que enfraquece quem a pratica. A estratégia pode parecer vigorosa, mas ela irá esgotar suas táticas e se mostrar ineficiente.

O poder está diretamente atrelado à possibilidade de sua própria ampliação. Tudo aquilo que originalmente não tem valor, quando exposto ao tempo ou à consideração e análise de um grupo maior de pessoas, vai se enfraquecer. Uma *fake news*, por exemplo, é uma poderosa estratégia. Porém, por não dispor de táticas eficazes, perde força e leva ao descrédito da fonte propagadora. Todos sabemos o quão frustrante é presenciar a suposta potência da mentira, mas o aspecto fraudulento é em essência uma subjetividade. A vida, o tempo e a natureza desmineralizam qualquer subjetividade na esfera do poder.

A história a seguir revela a condição potente do poder atrelada a um vetor ascendente, que ruma em direção próspera!

> *Rabi Akiva ensinava em nome de Rabi Shimon: "Sente-se duas ou três fileiras atrás do que considera ser o seu lugar adequado e aguarde até que lhe digam: 'Venha para a frente!' Faça isso em vez de sentar-se, logo de início, numa fileira à frente do lugar que lhe é adequado e ter que ouvir: 'Vá para trás!' É melhor ser orientado a ir para a frente do que para trás! E assim costuma dizer Hilel: 'Meu rebaixamento é minha exaltação; e minha exaltação é meu rebaixamento!'"*

Obviamente, não estamos falando aqui de baixa autoestima. A autoestima é um elemento importante, mas não para o poder. Alta ou baixa autoestima são elementos de subjetividade. Em geral, seu valor está na esfera do afeto e, mesmo lá, existem toxicidades ocultas, uma vez que ninguém, por definição, precisa de autoestima. Ela já está presente em qualquer um, mas não como uma disposição, e sim como uma condição humana. O importante é saber que, para o poder, tanto a alta quanto a baixa autoestima são um revés. O importante é a lisura da autoestima, sua adequação associada à questão da humildade neste contexto da ambição do poder emocional.

Para sentar na segunda ou terceira fileira atrás da que consideramos que nos seria apropriada, é preciso que tenhamos senso de humildade. Senso que não é de menos-valia e, com certeza, não é de mais. Senso que é de precisão. Toda força que não conhece a exatidão de sua potência é um perigo. Pode avançar para onde não deseja ou expor-se ao fracasso.

Uma vez que alguém se torna conhecedor de sua potência, sua tática deve ser a de se fazer bem posicionado, com a intenção de ampliar e crescer. Empoderado pela potência de estar posicionado com vistas a desenvolver-se e mover-se para a frente, o indivíduo influencia a si próprio positivamente e, mais importante ainda, influencia aqueles que têm a autoridade para designar quem "vai para a frente".

A tentativa de manipular e se posicionar numa fileira imprópria deflagra o inexorável processo de real rebaixamento. O tal "rebaixamento", no entanto, que menciona o sábio Hilel, é paradoxalmente o posicionamento potencial que permite a investida na direção do poder. Ao se colocar para trás estrategicamente, essa é a sua "exaltação"; e, ao contrário, se tivesse sucumbido à subjetividade manipulativa, experimentaria uma "exaltação" transitória para logo em seguida amargar um rebaixamento definitivo.

Gananciosamente, as pessoas calculam errado e pensam: "Já que jamais terei acesso àquela fileira, vai que acontece de ter sorte e me permitem ficar despercebido em posição avançada, para além do que me caberia!" Tal lógica persiste em delegar à "estratégia", e não à "tática", a responsabilidade de ser o parâmetro definidor de poder. Despreza-se assim o fato de que o "empuxo" de influência de ser convidado a avançar, esse, sim, é a verdadeira estratégia por trás da ação de sentar-se em fileiras mais recuadas. É claro, tal gesto de humildade depende de que se saiba, com propriedade, qual é a fileira que nos cabe. Não se trata de um ato de autodiminuição, mas de otimizar as próprias táticas, dando-lhes maior *punch*, maior impulsão.

Devemos lembrar que a etimologia da palavra prepotência tem a ver com "colocar o poder à frente" – não no sentido de promovê-lo verdadeiramente, mas apenas de ocupar fileiras "à frente". Ou, como num jogo de palavras, poderíamos dizer que se trata de uma potência prematura. De algo que, com táticas aparentemente objetivas, utiliza uma estratégia equivocada, incapaz de produzir um vetor ou uma direção crescente de poder. O malogro é o resultado de uma suposta potência "ingenuamente" ou "subjetivamente" testada. Daí a frase do filósofo Henri Bergson: *"Deves pensar como um homem de ação e atuar como um homem de pensamento!"* Estamos diante de dois componentes intrínsecos ao poder humano organizados numa ordem inalterável: conceber de forma objetiva a ação e agir com objetiva prudência.

Aquele que se impõe na fileira que não lhe cabe será tentado a buscar vias espúrias para coagir e ditar em vez de conquistar o próprio lugar. Assim acontecem as ditaduras, quando há o estabelecimento de uma força que não se imporia "pelas próprias pernas". A impostura do fraco acarreta turbulências e sua futura e inevitável deposição.

A força tática de quem está em fileiras mais atrás com relação à própria potência, somada à estratégia dos inevitáveis empuxos do tipo "vá para a frente", é algo imbatível, blindado contra a manipulação e a avidez das ganâncias emocionais.

Sentar-se na fila à frente de sua aptidão incentiva o sentimento de inferioridade que, por sua vez, institui as intolerâncias. O intolerante é alguém que projeta o seu medo de ser enviado "para trás" de sua fileira. A dependência da supremacia é a patologia do manipulador. Encontrar alguém para projetar a sua própria inadequação revela, como um criminoso que retorna à cena do crime, a paranoia típica "de quem busca ocupar um lugar que lhe é inadequado".

Estamos seguindo, de baixo para cima, a lista dos Dez Mandamentos. Se "não cobiçarás" estava explicitamente associado à ganância física da cobiça, o nono mandamento, "Não prestarás falso testemunho contra teu próximo" aborda o aspecto manipulativo da ganância emocional. É interessante notar também que os mandamentos são divididos em estratégias e táticas. As estratégias são os cinco primeiros princípios de investimento, em que se distingue o deus-realidade verdadeiro, em que Ele não é subjetivado em imagens, em que não se comete estelionato de Sua autoridade, em que se respeitam valores ancestrais e em que se conhece o comedimento da produtividade.

A partir dali temos as táticas. A primeira, que é a base de todas as táticas, é "não matar", não acabar com o jogo e virar o tabuleiro, mas mover-se pelas regras objetivas do jogo. Então é a vez das outras quatro táticas para que alguém permaneça ambicioso sem tornar-se ganancioso. O "não" utilizado nos últimos cinco mandamentos é a linguagem própria das "táticas". Por serem plenamente objetivas, para as táticas não existe contemporização; elas são categóricas: Não é não!

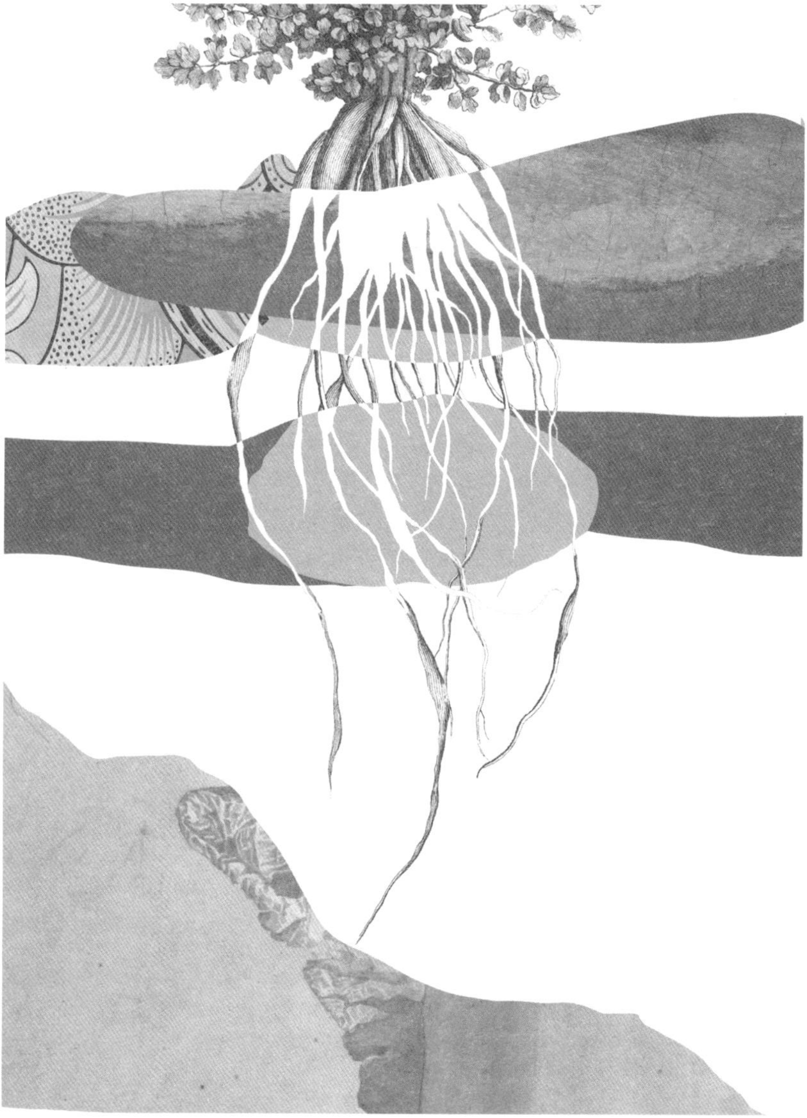

Tirania intelectual – Ideologia

Os mestres ensinaram: "Uma pessoa deve sempre ceder como um bambu, e não ser inflexível como o cedro!"

Um bambu cresce em áreas onde há muita água e suas raízes se multiplicam. Assim, mesmo os ventos mais intensos não conseguem arrancá-lo. Ele oscila de um lado ao outro e, assim que os ventos baixam, retorna à sua postura ereta!

O cedro, por sua vez, cresce em áreas onde há menos água e possui poucas raízes. Os ventos não podem movê-lo por seu tamanho, mas se atingem uma certa intensidade, o arrancam de uma só vez e o deixam estatelado no chão!

Rabi Shimon bar Yochai ensinou: "Uma pessoa deve falar de seus atributos em voz baixa e de suas deficiências em voz alta."

Sota 32b

Na esfera intelectual, a natureza objetiva do poder se soma à essência objetiva do intelecto. Qualquer afastamento da retidão e da precisão causará total ineficácia. Diferentemente de outras esferas onde as ganâncias estão enfraquecidas, na dimensão intelectual qualquer desvio da objetividade é disruptivo e suspende o poder por completo.

A ciência e a aplicação do intelecto travaram, por séculos, embates com as religiões que queriam impor dogmas e propósitos, antecipando-se a qualquer evidência. Todas as teorias nascidas de tais premissas foram invalidadas pela realidade, salvo algumas que nasceram da contemplação e da observação (ainda que fora do escopo de teses e modelos criteriosos).

Para que o poder do saber possa se manifestar é necessário que tenhamos as características do bambu: crescer em território de abundantes hipóteses e teses, estabelecendo uma potência de conhecimento com muitas raízes. Toda vez que a "tempestade" de uma contradição ou de uma divergência sobrecarrega o conhecimento das "raízes", a flexibilidade do bambu busca compensar a perturbação causada pela dúvida ou confusão e oscila. Em vez de ser derrubada ou desqualificada, ela assimila o conhecimento e busca se aperfeiçoar.

Essa é a imagem de nosso investimento do saber como um poder capaz de aprender, oscilando para cá ou para lá, na tentativa de corroborar a flexibilidade com o esforço das raízes. A força está na aptidão de ser adaptável, versátil e elegante.

No extremo oposto está a opulência do cedro e sua rigidez. Ganhando menos lastro em áreas bem umedecidas, suas raízes representam seu conhecimento precário. Para tais estruturas, a força do irredutível, do que é inamovível e do rígido, constitui a ganância de poder, a sensação de pujança de seus axiomas e de suas premissas. Toda tempestade intelectual exige a flexibilidade de rever princípios e enunciados.

Na instância intelectual não pode haver nenhum compromisso com um pressuposto, seja ele por convicção, conveniência ou crença. Todos esses estados são embalagens ideológicas que desvirtuam o poder do saber em uma ganância.

Rabi Shimon sabe que todos os que buscam a potência do saber não querem promover suas premissas por todos os cantos, mas propagar e difundir suas dúvidas e incertezas. Nesse processo, podem ampliar suas raízes em vez de confiar em seu tronco robusto – que, como vimos, pode facilmente ser derrubado.

Por isso o sábio, mesmo sabendo, questiona; enquanto isso, o néscio não sabe e tampouco pergunta. E o Talmud se esforça para enumerar os requisitos de objetividade do saber:

> *O sábio não fala diante de quem sabe mais do que ele; não interrompe as palavras do seu vizinho; não é precipitado na resposta; pergunta adequadamente e responde com propriedade; cuida primeiro do mais importante e depois do secundário. E se não ouviu algo ou não sabe de algo, diz que não ouviu ou que não sabe!*

A ideologia faz exatamente o inverso: se apressa em ocupar a arena com sua suposição; interrompe todos aqueles que parecem encaminhar a conversa para além de seu interesse; pergunta para induzir e responde levianamente o que lhe convém; faz uso do que é marginal e omite o que é relevante. E propaga aquilo que não ouviu ou conhece, desde que atenda à sua agenda.

A ideologia se opõe ao questionamento aberto, interminável, que, apenas nessa condição, pode ser transformador e progressivo. A ideologia é o grande desinvestimento do saber e inabilita, por via da ganância, qualquer saber. Trata-se justamente do inverso da potência de aprender; revela a incapacidade de conhecer qualquer coisa além do próprio arbítrio.

A arbitrariedade é a essência de toda ignorância. A ideologia faz o poder intelectual colapsar. E, apesar de conhecermos situações em que a ganância produz efeitos temporários de poder real e imaginário, ela não perdura. Não obstante os estragos e os sofrimentos que pode causar, a ganância não é sequer um poder efêmero; trata-se de um poder meramente delirante. Seu destino não é ser destituída de seu poder, ou abandonada em seu poder, mas superada e descartada.

É também importante ressaltar que, na esfera das ambições emocionais, as crenças e os credos podem representar uma potência. Isso pode ocorrer desde que não se esteja a serviço de um projeto de influência por manipulação ou prepotência. No entanto, no âmbito intelectual, todas as ideologias, sem exceção, são tóxicas à potência do saber. Ficam de fora apenas as contemplações e as predições bem instruídas, que construímos a partir de nossa experiência pessoal. Essas intuições, mesmo contendo potência na esfera do saber, não podem ser compartilhadas devido à grande dose de subjetividades que as compõem.

Sem a "profundidade de campo" na esfera intelectual, fica impossibilitado o acerto do foco, e as crenças, nesta instância, definitivamente erram o alvo. E não acertar equivale a não ter potência.

A ideologia contém algo de mesquinho, de prerrogativa, que assemelha sua ganância à esfera emocional de manipulação. Aqui, porém, o falso recurso não é a vulnerabilidade que tenta avançar "fileiras" para se garantir. É a vulgaridade de tentar tornar-se hegemônica.

Por isso modelos políticos hegemônicos estão sempre em busca de ideologias. Tornar-se superlativo seja na ignorância ou na crença é a única garantia de não ser descartado pelas intempéries garantidas no decorrer do progresso. Aí, muitas das frondosas árvores jazem estateladas no solo, vítimas de sua carência de sustentação.

Os poderes do tipo bambu balançam e se desarrumam, reagindo na busca por mais raízes, alicerces e flexibilidade. Às vezes, o simples ato de sobreviver à intempérie fortalece a certeza de que mais base e plasticidade são seus grandes recursos.

A certeza de que não se tem certeza é a estratégia das táticas de flexibilizar e expandir raízes. A estratégia da certeza pode parecer frondosa, mas, na carência de táticas para saber, é facilmente arrancada da História.

Esta é a razão também pela qual propomos a paridade entre "ideologias" e "convicções" com o mandamento de resistir à tentação de "adulterar". O famoso princípio conhecido como a Navalha de Occam, proposto pelo pensador William Ockham no século XIV, prescrevia não multiplicar elementos ou informações que não fossem essenciais sobre determinado problema. E, a partir deste conceito, foi que o biologista Sydney Brenner ironicamente produziu outra imagem, intitulada a Vassoura de Occam. Ele queria descrever o processo no qual fatos inconvenientes são levados para "debaixo do tapete" por defensores intelectualmente desonestos de uma ou de outra teoria. Esta muleta, esta ferramenta antipensamento, é um exemplo do ímpeto tão reiterado de "adulterar" para atender não ao saber, mas aos interesses. Essa "adulteração" é uma fraqueza da ganância intelectual frequente na esfera intelectual do saber.

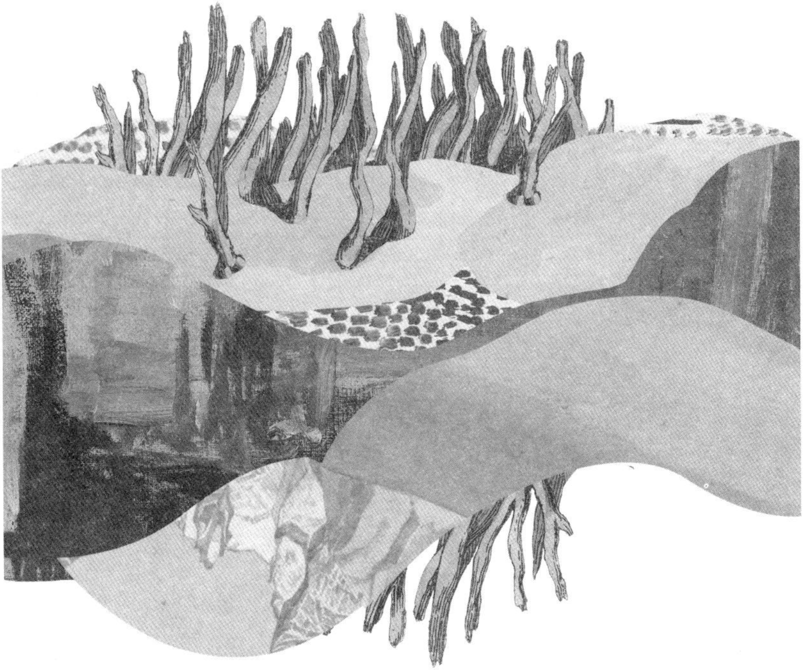

Tirania espiritual – Exclusão

Shemayá disse: "Ame o trabalho; despreze os altos cargos (e os cargos eclesiásticos); e não busque envolvimento com o governo."

P.A. 1:10

Carregadores relapsos deixaram cair um barril de vinho pertencente a Rabba bar Huna. O barril se quebrou inteiramente. De imediato, Rabba confiscou as roupas dos carregadores. Eles então foram reivindicar seu caso a Rav, que por sua vez disse a Rabba: "Devolva-lhes as roupas!" Rabba questionou: "É esta a lei?" Rav contestou com a citação: "Para andares no caminho dos bons!" (Prov. 2:20). Após ouvir isso, Rabba devolveu as roupas aos carregadores, e estes lhe disseram: "Somos pobres e trabalhamos duro o dia todo. Estamos famintos e não temos nenhum dinheiro!" Então Rav disse a Rabba: "Vá e pague a eles o salário

> *devido!" Rabba retrucou: "É esta a lei?" Rav concluiu: "Sim, 'para que te conserves nas veredas dos justos'." (continuação de Prov. 2:20)*
>
> BM 83a

Na esfera existencial, ou espiritual, vimos que o investimento da ambição se relacionava com a potência de "contentar-se com a sua porção". Para que entendêssemos o sentido dessa proposta, explicamos que não se tratava de nos desestimular a "querer mais".

Tratamos a riqueza como o território da excelência e não do acúmulo. Justamente quando desvinculado apenas do acúmulo, o "querer mais" representa a potência investida da riqueza.

Por isso, em sua citação, Shemayá fala sobre amar o trabalho. A riqueza é mais sobre amar o que se faz do que sobre o acúmulo. E, quando gostamos do que fazemos, frequentemente isso resulta em fartura e profusão. Quando assim acontece, a abundância pode começar a interferir no prazer do trabalho. Ela atrai a subjetividade contida na importância, tal como acontece na menção aos "cargos altos" ou a qualquer distinção. Essa ganância por privilégio é um desejo subjetivo não apenas "de ter", mas de obter "o que ninguém mais tem"!

Na história sobre os carregadores de vinho, enfatiza-se o fato de que a riqueza é o início, não a culminância da relação com o mundo. A riqueza seria composta de dois elementos: aquilo que você possui e aquilo que você tem. A potência espiritual do resultado do sucesso e da excelência depende de saber usufruir de ambas as competências. Se você tentar possuir para além do que objetivamente pode possuir, vai abrir fraquezas que podem se materializar em obesidade, desperdício, exagero e, principalmente, em exclusão. A potência do que "temos" para além do que "possuímos" é o diferencial que faz a roda da fortuna girar. E girar para todos. E aí estão as potências.

Ninguém nasce rico, mesmo os que nascem em berço de ouro. Essas pessoas, na verdade, também ficam expostas à fraqueza de "ter" o que não se pode possuir. Os carregadores demandam sua roupa e o soldo, e por duas vezes Rabba questiona "se esta é a lei". Com certeza, a lei não é esta, e o que está sendo apresentado é algo para além da lei: Rav julga com a intenção de proteger a potência tanto dos pobres carregadores quanto do abastado Rabba. Ele tenta fazê-lo reconhecer que a potência de sua riqueza não precisa possuir nem a roupa e nem o soldo retidos dos trabalhadores. Tentar possuir o que estava no campo de "ter" tiraria Rabba do "caminho dos bons e da vereda dos justos". Rabba possuiria algo muito menos valioso se ficasse apegado a ter o que não conseguiria possuir. Assim, ao fazer uso do que tem como sendo uma potência, conseguiria avançar empoderado em sua ambição espiritual, capitalizando a partir do benefício de permanecer na senda dos bons e dos justos.

Aquele que é rico deve ser muito cuidadoso com seu patrimônio se deseja ser realmente potente. Caso contrário, o ato de excluir promoverá fraquezas que levam à decadência e ao declínio.

A ganância de possuir tudo o que se tem fere a dinâmica da roda da fortuna. Para que esta continue rodando, é necessário que a potência de "perder" seja ativada. Quanto mais se perder o que se tem, mais fortalecida estará a potência de possuir, e isso acontecerá para muito além das benesses que o "ter" pode oferecer.

Por essa razão é que classificamos a riqueza como potência espiritual. Sim, existe uma potência moral – um grande diferencial na relação humana com o poder. A moral não é cooperativa, mas competitiva. Na verdade, é uma tática humana na estratégia competitiva para a ampliação do poder.

E o que é a moral? Num ambiente competitivo, sempre haverá indivíduos que têm mais força do que outros, ou que têm mais riqueza do que outros, ou mais saber do que outros. O investimento espiritual que atende pela ideia de moral se estabelece quando dispomos de alguma destas vantagens ou potências e a elas renunciamos a fim de evitar abusos. A vantagem humana de poder sobre o mundo animal deriva desta capacidade moral de evitar tantos abusos quantos forem possíveis: abuso contra outro humano, abuso contra outros seres vivos ou contra a própria natureza.

Enquanto animais, muitas vezes não conseguimos conter nossas prevalências e, utilizando-as, cometemos abusos. A civilização, no entanto, foi capaz de juntar os aspectos da competição e da responsabilidade para proteger não apenas o nosso jarro da roda da fortuna, mas a própria roda! O comunismo pensava igualar a todos, extinguindo as "excelências". Não percebeu, no entanto, que, quando as diferenças inexistem, um sistema moral passa a ser impossível. Ao eliminar a competição para apostar na responsabilidade, o comunismo se tornou amoral, fazendo com que se perdesse a potência moral sem que, no entanto, os abusos fossem eliminados. Uma vez que todos passavam a ser pobres, erradicava-se não apenas a competitividade baseada na excelência, mas também a condição para a existência da pobreza.

> *"Não roube a pessoa pobre de sua pobreza!" (Prov. 22:22)*
>
> *O significado deste versículo é o seguinte: se você, por qualquer razão, não quer cuidar do pobre, tudo bem, então não cuide!*
>
> *Mas não roube a pessoa pobre de seu status de pobreza, ao insinuar que ela não merece ou que a condição de pobreza não se aplica a ela!*
>
> Rabi Zeev de Strikov HW. 208

A pobreza, a carência, é em si mesma uma potência. Ela é um balde vazio. Esse vazio é parte do empuxo necessário para que a roda possa circular. Quando o poder é subjetivado pela emoção compassiva, a potência fica reduzida.

O sistema capitalista, ao contrário, enfatiza o aspecto competitivo e subestima o compromisso com a responsabilidade. É assim que também ele se revela um projeto insustentável: no capitalismo acumulamos o que já temos e, pela ausência de moralidade, intentamos possuir cada vez mais. É assim que ele se torna um sistema imoral, com seu próprio conjunto de abusos característicos.

Um modelo exclui as pessoas de suas excelências; o outro, de seu acesso a potências, que passam a ser privilégio de alguns poucos. Um exclui as pessoas de sua potência inata, o outro as exclui através do privilégio, que possibilita o acúmulo.

A exclusão, efetuada a partir do comunismo ou do capitalismo, representa a subjetividade destes modelos. Ela funciona como uma ganância espiritual que promove a exclusão e que, em última análise, representa um desperdício, uma perda debilitadora.

Essa é a conexão sistêmica entre a cobiça e a riqueza: uma estimula o autoritário; a outra, o totalitário; uma perde potência por querer especificamente o que é do outro; a outra perde potência ao atrelar o querer a "não querer para o outro". Essa interferência do "exclusivo" é definitivamente subjetiva e limita o poder.

Em nossa análise do poder espiritual, observamos que há nele um ingrediente "dos céus" que é "vegetativo" da existência e um aspecto involuntário da fortuna. Esta condição "aleatória" torna a roda da fortuna democrática por natureza, fazendo com que qualquer forma de exclusão resulte em prejuízo ou desperdício ao sistema.

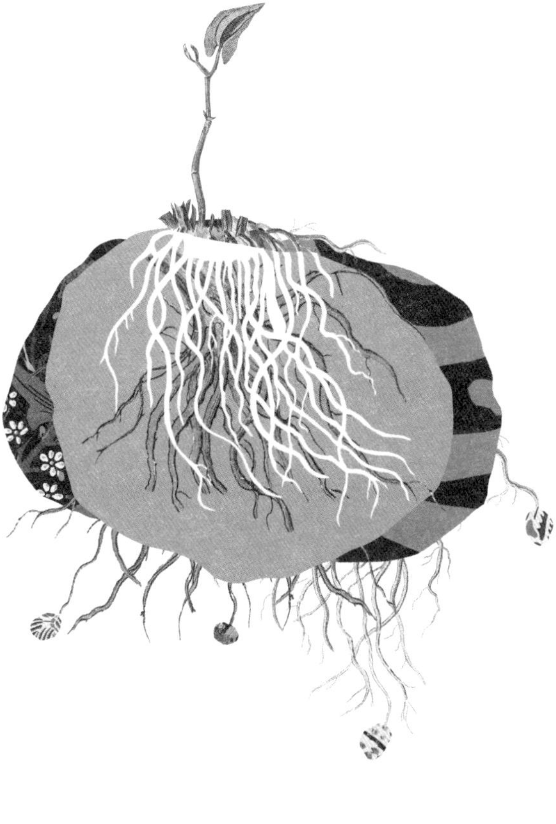

APÊNDICE

Poder e serviço

> *Rabi Tarfon disse: "O tempo é curto, o trabalho é abundante, os operários são preguiçosos; muito está em jogo, e o Mestre é exigente."*
>
> Pirkei Avot 2:20

Aqui estão dispostos os elementos do poder. A ignição de qualquer força nasce naturalmente da urgência, de um tempo curto para a realização do que tem que ser feito. A isso acrescenta-se a natureza abundante de uma disponibilidade. As duas excitações, a urgência e a abundância, deflagram o poder.

De imediato se interpõem as resistências ao vigor demandado. O operador é sempre preguiçoso e apresenta uma relutância inerente a toda força, pois para conseguir executá-la precisará se exaurir. Esta reação ao possível desgaste é uma oposição inerente e preventiva que visa a não dilapidar ou desperdiçar a própria potência.

É nesse momento que a força pode emergir: na conflagração da tarefa (urgência-abundância) em oposição à inércia (resistência ao desnecessário) ocorre a combustão da energia de trabalho. Ao mesmo tempo, uma outra está amadurecendo. É o gatilho, que dispara o poder por meio de duas outras componentes. Trata-se do aspecto potencial que implementa o poder.

O potencial serve como um propósito ou um comando. De um lado está "o muito que está em jogo"; de outro, a imposição do ataque. Este é o aspecto que se caracteriza como um serviço.

E assim fica o poder definido estruturalmente por seus dois aspectos: a ação e o serviço.

É dessa maneira que tudo se move: as coisas, as pessoas e a vida.

Por um lado, o imperioso e o prêmio agem; por outro, a importância e o objeto servem.

Poder e vigência

> Ben Azai costumava dizer: "Não zombe de ninguém e não desdenhe de coisa alguma, pois toda pessoa tem sua hora e cada coisa tem seu lugar."
>
> Pirkei Avot 4:3

O aleatório não é irrelevante. Devemos tomar tudo "o que é" (*mah*), seja coisa ou indivíduo, como elemento essencial para determinar a realidade. O que é – mesmo que aparente não haver uma razão ou uma razão acessível para que seja – se manifesta sendo. Negligenciar ou negar a legitimidade "do que é" é perder contato com a realidade e colocar em risco a realização do poder.

Tudo aquilo que se encontra numa determinada hora chegou até aquela hora; e o mesmo se dá com o que está em um lugar – algo ou alguém chegou a esse lugar. Atrelados a essas horas e a esses lugares estão os parâmetros daquilo que é real. Não se deve desdenhar ou ficar indiferente a essas potências, mas abraçá-las.

Sem este ato de engajamento não se pode impactar ou influenciar o que virá. A vigência dos seres e das coisas é uma categoria e, também, a chancela de que eles estão em vigor e valendo; é ela a matriz original de todas as disposições. A qualidade de estar no conjunto da realidade não é pouca coisa; é aquilo que permite a existência e a intervenção. Dessa raiz se fortalecem disposições inerentes a seres e coisas.

O desprezo acontece porque muitas vezes não vemos a hora de uma pessoa "acontecer" nem percebemos o lugar de cada coisa. Deixamos, assim, de notar suas potências. Mas os potenciais estão aí, latentes e vinculados a tudo aquilo que faz parte do mundo. O mais maravilhoso da disposição é a infinidade de eventos e circunstâncias que podem se manifestar a partir daquilo que tem a sua hora e daquilo que tem o seu lugar. Se as pessoas e as coisas são eixos, podemos pivotar tudo na sua "hora" e tudo na sua "vez" e no seu "lugar". Assim costuramos a realidade.

Poder e tática

> Rabi Tarfon costumava dizer: "Não lhe é exigido que complete a tarefa, mas não é livre para dela escapar. Se você se esforçar bastante, lhe darão grande recompensa; e pode confiar que seu Empregador lhe pagará a recompensa por seu trabalho, mas saiba que o prêmio final será dado no Mundo Vindouro."
>
> Pirkei Avot 3:20

O poder é uma disposição, o que significa que é preciso estar sempre disponível e animado para sua execução. Esse vigor não é computado a partir da totalidade das tarefas, mas apenas de uma ação específica em questão. A disposição vai de força em força (*me-chayl le-chayl*) sem a incumbência de suprir o vigor para todas as reverberações e intercorrências possíveis. No entanto, a contribuição é mandatária e não há recurso a esta intimação.

Essa definição configura uma tática: uma ação que não precisa responder pelo esforço total, mas por uma missão específica. A tática não deve sofrer hesitações, mas funcionar com foco na obtenção do benefício ao qual está atrelada. Quanto ao propósito final, no entanto, este está além de suas atribuições e pertence à estratégia, um contexto original que está para além do interesse próprio.

A tática significa a existência de uma urgência e uma abundância imediata, as quais se esgotam como uma etapa da disposição. No entanto, a disposição proporcionará novas táticas incessantemente. E assim funciona o poder na condição de uma disposição involuntária: ele está sempre disponível, tal como ocorre na sexualidade e na alegria.

Esse esforço é o braço do poder. A recompensa, por sua vez, é determinante para a tática, mas é descompromissada com o sucesso. A função de totalizar pertence à estratégia.

Poder e estratégia

> *Há quatro tipos entre os estudantes que se sentam perante os sábios: um se assemelha a uma esponja, outro, a um funil, o terceiro a um coador e o quarto, a uma peneira: a esponja absorve tudo; o funil recebe de um lado e libera do outro; o coador, por sua vez, deixa fluir o vinho e retém os sedimentos; e a peneira deixa passar o pó da farinha e segura a farinha refinada.*
>
> Pirkei Avot 5:18

Embora apresentada no contexto da sabedoria, tal classificação serve de modelo para analisarmos as diferentes estratégias do poder. Mas o que é mesmo o poder? Ele é uma disposição de afirmação e expansão e pode ser exercido nas quatro modalidades expostas.

A esponja é a absorção de tudo, tem a vantagem de não desperdiçar e encorpar. Em contrapartida, pode enfraquecer pelo excesso de resíduo e tornar-se pesada, sem agilidade. Tal estratégia usa a objetividade da robustez para consolidar seu poder. Ela equivale, em alguma medida, à estratégia no jogo de cartas quando se deseja formar uma canastra: compra-se muitas cartas da mesa com o intuito de aumentar a pontuação. Corre-se o risco, porém, de acabar com muitas cartas na mão, sem agilidade. Esse inchamento pode levar à perda da contundência do poder, apesar de apontar para uma efetiva solidez.

A estratégia do funil é a do foco. É por meio do foco que se canaliza a atenção com vistas a uma especialização. A ideia é ganhar uma força pontiaguda e penetrante num único ponto. Essa estratégia consegue avançar a profundidades assombrosas. Aqui o desafio é de absurda objetividade, já que o ponto de aplicação do poder é propositalmente delimitado. É uma aposta concentrada e devem-se tomar as precauções próprias diante de algo tão específico. Essa também pode ser uma estratégia que encontra paralelo no jogo de cartas, quando tentamos fazer uma canastra e bater, finalizando o jogo de forma lancinante.

Já o coador busca objetividade na qualidade. Separar o vinho do resíduo é apostar num poder sofisticado e refinado. No contexto do ensinamento esta é a melhor estratégia, já que representa o discípulo perfeito: ele retém a sabedoria e deixa vazar as espertezas e superficialidades. Porém, mesmo aqui há os riscos de se coar sem qualidade. Em excesso, certos ingredientes que oferecem substância podem vazar e produzir algo ralo. Pode-se também desperdiçar material em demasia – material que poderia ser reaproveitado, promovendo a ampliação de oportunidades e alternativas.

A peneira tem como estratégia retirar o material mais grosseiro, deixando passar muitas impurezas. Sua objetividade é a quantidade. Na analogia original do texto, seria a atitude mais pobre, que deixaria passar o supérfluo e também o material aproveitável como se fosse resíduo. Aqui se representam os esforços por algo popular, de baixa categoria, explorando a potência da disseminação e da difusão em profusão.

No âmbito da estratégia, todas essas posturas podem apresentar resultados desde que não se afastem de sua objetividade particular, ou seja, desde que focalizem o item que lhes confere vantagens. Devem conhecer suas vulnerabilidades e não deixar de dar atenção às suas fraquezas.

Poder pessoal

Certa vez, o rabino de Ruzhin ouviu um discípulo do rabino de Savran exaltar as virtudes de seu mestre.

> *"Como é humilde o meu mestre!", disse o discípulo. "Ao menor sinal de que lhe concedem uma honra, começa a se questionar sobre o seu próprio valor. Ele nunca se considera merecedor!" E prosseguiu: "E não há cidade em que ele chegue que não lhe venham logo prestar homenagens..." Ao ouvir isso, o rabino de Ruzhin perguntou: "E isso o incomoda?" O discípulo então respondeu: "Se isso o incomoda? Com certeza... primeiro ele tenta desviar dos elogios como se eles fossem provocados por outra coisa: sua bela carruagem ou a força dos seus cavalos. Mas, ao final, quando tem que admitir que a honra é conferida a si mesmo... Ah, isso o incomoda a ponto de ficar nauseado. Há vezes em que chega até a vomitar por conta de tanto rebuliço em torno de si!" "Pobre coitado!", exclamou o rabino de Ruzhin. "E não haveria uma forma melhor de lidar com a honra do que vomitar? Há, com certeza, sim! A forma simples de lidar com tal situação é receber a honra e*

> *imediatamente desapegar dela... não foi a honra que deixou o coitado nauseado, foi sua obsessão com a própria honra!"*
>
> Contos Has., p. 42

Vemos aqui uma batalha épica na tentativa de encontrar-se interiormente. A falsa humildade do rabino de Savran vai sendo exposta pelo rabino de Ruzhin. A causa do vômito não é esforço para livrar-se da força subjetiva que elogios e honras causam. O rabino de Savran parece obcecado com a indignação à bajulação. É assim que a cena exagerada vai revelando sua motivação pessoal e vaidosa.

Com frequência, perdemos a capacidade de aferir nosso tamanho, e o que menos precisamos, com certeza, é de mais uma camada de ocultamento aos nossos objetivos. Essa tortura implementada pelos jogos de nossa consciência pareceria a qualquer outro ser vivo insana e é um belo exemplo da infestação subjetiva que experimentamos como humanos.

Saber não se perder na importância ou na insignificância é fundamental para preservar a potência do próprio poder. E nada pode ser mais desgastante do que a competição consigo mesmo. A arte da serenidade com a presença de um sujeito em si está na sugestão de "acolher" e "desapegar" num único movimento.

Se o nosso ser se transforma numa "coisa", num personagem que ocupa lugar, muitas das potências da vida ficam inviabilizadas. Como parte da realidade, nos assemelhamos mais a recipientes do que a conteúdos: quando estamos vazios e liberados, podemos nos preencher e ser parte do mundo do trabalho e das tarefas; quando estamos totalmente "preenchidos" por nosso sujeito, passamos a vida servindo a ele em vez de focarmos as atividades da vida.

É deste preenchimento e do fastio que alguém pode ter de si mesmo que se origina a sensação de náusea e vômito. A satisfação em "acolher" e "desapegar", desincumbindo-se de tarefas e realizações como um receptáculo, é a fonte de toda a força experimentada por uma pessoa.

Poder e enfrentamento

> *O rabino de Vork e seu amigo viajavam numa carruagem quando foram violentamente insultados. Indignado, o amigo se voltou para o rabino: "Como podes ficar assim tão calmo e calado diante de uma agressividade como essa?" O rabino então respondeu: "A razão de conseguir ficar calmo e quieto é que eu estava preparado até para mais insolências e abusos do que estamos recebendo!"*
>
> Has. Anth., p. 367

Para muitos, o enfrentamento só pode ser realizado quando segue o modelo de contraposição a um golpe desferido. Mas há outras maneiras de se fazer isso. Faz muitos séculos que a arte marcial do judô apresentou outra perspectiva para a questão. Ela revelava o uso da força a partir do movimento do próprio oponente sem que a ela fosse oferecida resistência. No relato anterior, o amigo do rabino fica indignado com sua aparente passividade. O rabino, no entanto, lhe surpreende com uma atitude de embate aparentemente contraintuitiva. Ele demonstra que, como todo bom combatente, já havia se preparado para a possibilidade da contenda. Antevendo a situação dura que poderia enfrentar, ele se antecipa à sua própria subjetividade. Claro, se lhe estivessem agredindo fisicamente, ele provavelmente teria apresentado outra reação.

No entanto, o insulto é uma violência subjetiva e irá doer tanto mais quanto maior for o grau de subjetividade de um indivíduo. Se ele permanece no campo da objetividade, tudo que é dito não passa de um desperdício muscular à língua e à mandíbula do agressor.

E, se a estratégia parece genial, ou seja, se deixar o agressor falando sem oferecer a própria pessoa e o próprio ego como anteparos de resistência aos "golpes", a tática será ainda mais engenhosa.

O insulto tem seu poder na diferença de potencial entre a verdade e a injúria. Quanto maior for a calúnia ou a mentira, mais prejudicados e abatidos nos sentimos. Reconhecendo a potência do possível desrespeito a que poderia ser submetido, o rabino trabalha sua tática, antecipando uma violência maior e blindando-se, assim, no momento do incidente.

Imune aos ataques, ele imobiliza o agressor em sua condição impotente – de alguém que desperdiça suas palavras e sua energia.

Vemos aqui o exemplo de alguém que contém o próprio ímpeto. Como conter um rompante que tem a natureza de um impulso súbito e espontâneo? Isso só é possível se houver uma preparação prévia. Só assim, a torrente de emoções e as subjetividades não nos nocauteiam!

Poder do velho e do novo

> *Elisha ben Abuya disse: "Aquele que estuda a Torá como uma criança, a que se compara? À tinta que escreve sobre papel novo. E aquele que estuda a Torá como um homem idoso, a que pode ser comparado? À tinta que escreve sobre papel enodoado."*
>
> *Rabi Yossi bar Yehuda de Kfar HaBavli disse: "Aquele que aprende a Torá com os jovens, a que se compara? Àquele que come uvas verdes ou toma vinho não fermentado de seu tonel. Mas aquele que aprende a Torá com os velhos, a que pode ser comparado? A alguém que come uvas maduras ou bebe vinho envelhecido."*
>
> *Rabi Meir disse: "Não olhe para o recipiente, mas para o conteúdo; há um jarro novo cheio de vinho envelhecido e um jarro velho que nem mesmo vinho novo contém."*
>
> Pirkei Avot 4:27

Como vimos, o poder se manifesta não só sob a forma de forças, mas também de influências, importâncias e excelências.

Em realidade, existem inúmeras outras formas pelas quais o poder se manifesta. Vemos aqui um desses exemplos através do poder da juventude e da maturidade.

No quesito "aprendizado", a potência juvenil prevalece. O viço do novo permite que a memória se estabeleça como a escrita em papel imaculado. Há também o frescor criativo do que não foi cultivado ou domado.

Já a experiência avançada tem maior rendimento no quesito "ensinar". Evidentemente, o requinte só pode ser fermentado através do tempo e da oxidação da prática, que oferecem erudição e maior robustez.

No entanto, essa eficiência ou ineficiência do tempo de vivência não é determinante. Há outros poderes que interagem e podem modificar a condição inicial do jovem ou do velho. Isso porque, como diz o texto, "não devemos olhar para o invólucro para determinar seu conteúdo". Há velhos juvenis e há também jovens maduros. Isso porque a potência deste poder está, em grande parte, na esfera intelectual, e a sabedoria não é apenas o produto da experiência e dos anos, mas de atitudes e de profundidade. A começar, pela capacidade de aprender com todos. Isso inclui a capacidade que os velhos têm de aprender com os jovens.

Há, porém, um outro elemento que ainda não abordamos. A sabedoria depende não só de aprender com todos, mas de ensinar a todos. Este é o investimento e a propriedade cooperativa do saber que inclui os dois movimentos: aprender com todos e ensinar a todos. Quando ensinamos também aprendemos, segundo a tradição, até mais do que quando somos os receptores do saber. Em realidade, ensinar e aprender é um único movimento. E isso inclui até o velho aprender com o jovem – mesmo com alguns traços e acidulados próprios das uvas verdes.

Poder e limite

> O imperador César disse a Raban Gamliel: "Nas Escrituras está grafado: 'Ele conta o número das estrelas, chama-as a todas pelos seus nomes!' (Sal. 147:4) Mas isso que seu Deus faz não é tão grandioso... eu também sei contar quantas estrelas há no firmamento!" Raban Gamliel então respondeu: "Quantos dentes há na sua boca?" César colocou a mão na boca e se pôs a contar os próprios dentes. Assim, Raban Gamliel prosseguiu: "Você não sabe sequer o que há na sua boca, e mesmo assim acha que sabe o que há nos céus!"
>
> San. 39a

Essa história é bastante contundente. Ela fala sobre a importância que há em se determinar o foro correto relativo ao poder. Dependendo do âmbito no qual o exercemos, um mesmo poder se amplia ou se reduz. Um rei é um personagem muito poderoso, mas transpassar domínios pode ser algo que desidrata até mesmo o poder de um imperador.

No texto fica claro que o imperador poderia ter passado sem esse vexame. Ao tentar estender seus poderes para o reino dos céus, ele abandona sua potência de influência e importância real e se aventura por territórios desconhecidos, expondo-se a sua própria ignorância e impotência.

A imagem satírica do imperador com a mão na boca tentando dar conta da tarefa de contar quantos dentes possui é a figura literária central da história. Como uma criança exposta a uma curiosidade nunca despertada, o imperador se encolhe a um tamanho ainda menor do que o poder de reles adulto ordinário.

Uma imagem semelhante apresentava o personagem do Super-Homem. Este "homem" que tudo podia – "mais rápido que uma bala, mais forte do que um trem" – possuía, porém, uma fraqueza. Ele não podia se expor a um elemento de seu planeta natal, a criptonita. Nas cercanias dessa substância ele não apenas se enfraquecia, mas ficava frouxo e franzino.

Na ficção, a metáfora de algo oriundo da própria terra e da própria casa como sendo capaz de debilitar representava a ninharia ou a mixaria de que o território natal ou a trivialidade pode conferir ao poder. Tenho certeza de que, por exemplo, o aparecimento da mãe de qualquer imperador diante do soberano bastaria para despojá-lo de sua imponência.

Os poderes são circunscritos a certas comarcas, e para além de seu foro eles podem se reduzir ou se anular por completo. Todas as autoridades deveriam considerar isto a fim de não correr o risco de se surpreenderem contando a quantidade de dentes em sua própria arcada!

Poder e polarização

> *Qualquer disputa que ocorra pelo bem da Verdade terá um resultado construtivo; porém, uma disputa que não seja pelo bem da Verdade não terá um resultado construtivo. Que tipo de disputa ocorreu pelo bem da Verdade? A disputa entre Hilel e Shamai. E qual não foi pelo bem da Verdade? A disputa de Côrach e todo seu grupo.*
>
> Pirkei Avot 5:17

As disputas e os enfrentamentos são inerentes ao poder. Como tratamos aqui, a raiz busca seus embates com o solo. Ela coopera contornando os obstáculos mais duros, e perfura tanta terra quanto for possível pela via da competitividade.

As controvérsias representam uma tática importante do saber e das tomadas de decisão. E, quanto mais polarizadas, mais potentes elas podem se tornar caso estejam ancoradas no compromisso de saber e aprender. O aspecto competitivo tem a potência de estimular o poder e não é ele aquilo que danifica uma controvérsia. O que a arruína é a presença de uma agenda pessoal ou ideológica.

As Casas de Hilel e Shamai disputavam competitivamente, acrescendo, desta forma, uma à outra. A Casa de Hilel tinha a particularidade de disputar também cooperativamente, apresentando a opinião do seu contendor antes mesmo de apresentar a sua. Em ambas as modalidades, porém, as Casas se encontravam em um estado de controvérsia construtiva. A cooperação ou a competição não contamina a disputa, já que ambas são apenas a aplicação de táticas distintas.

O que prejudica a controvérsia é a intenção, a estratégia. Nesse sentido, caso o poder esteja em modo objetivo – que é o de buscar a elucidação e a resolução de questões –, ele é conservado e ampliado, resultando em construção. Se, ao contrário, estiver em modo subjetivo, determinado por política ou agenda particular, então há perda gradual de poder e nada se constrói, o que acaba gerando desperdício.

No relato bíblico, a menção feita a Côrach e seu grupo, todos eles questionadores de Moisés, representa, por sua vez, a ganância da polarização. Neste caso, polarizar é uma forma de investimento negativo de poder, pois seus agentes se valem da exclusão ou do cancelamento para atingir seus objetivos. O objeto da disputa não é o saber, mas o interesse na posição ou no poder do outro. Trata-se de uma disputa não entre ideia e ideia, mas entre sujeito e sujeito. Por exercer uma posição de liderança, Moisés se vê envolvido numa disputa não construtiva: ele não havia experimentado a mesma subjetividade que seus oponentes, mas o fato de ser líder o atrelava à questão. Esse é o problema de uma representatividade: a partir dela torna-se quase impossível evadir-se da controvérsia não construtiva. E se a frase "quando um não quer, dois não brigam" já é um tremendo desafio para qualquer pessoa, quando se trata de uma posição de liderança, praticá-la é, ainda, muito mais difícil.

Por outro lado, sabemos que a memória histórica, de todas as disputas que não foram pelo bem da Verdade, é algo permanente. Esse registro pode servir de alerta e ajudar talvez na prevenção de novos eventos semelhantes. No entanto, é fato que esses tipos de disputa não deixaram nada construído.

Esse é o caso do que enfrentamos na atualidade, quando a manipulação da polarização tem como finalidade destruir instituições e sistemas. E há que se reconhecer aqui uma inteligência maligna, já que as controvérsias podem ser utilizadas deliberadamente para enfraquecer instituições e debates contra o bem da Verdade. Infelizmente, o enfraquecimento de organizações, e mesmo de governos, prospera e debilita construções. A boa notícia, no entanto, é que esta tática gananciosa é contaminada, por todos os flancos, de subjetividade – seu próprio declínio e posterior falência são uma questão de tempo.

Poder e objetividade

O brilhante talmudista rabino Epstein, acompanhado de seu discípulo, se dirigiu à cidade de Vilna quando se viu obrigado a pernoitar durante sua viagem. Chegando à cidade, mestre e discípulo encontraram um campo e uma clareira, e ali montaram a sua tenda. Realizaram suas orações e, depois disso, foram dormir. Algumas horas após, no meio da noite, o rabino despertou o discípulo e lhe disse: "Olhe para o céu e me diga o que é que você vê!" O discípulo então respondeu: "Eu vejo milhões e milhões de estrelas, rabino Epstein!" Em seguida, ponderando, prosseguiu: "Bem... do ponto de vista astronômico, a vastidão dos céus me sensibiliza; do ponto de vista cronológico, deduzo que devem ser em torno de três horas da manhã; pensando meteorologicamente, suspeito que teremos um belo dia amanhã; ah, e teologicamente percebo que Deus é onipotente e que somos uma pequena e insignificante parte de Seu universo..." O discípulo então fez uma pausa e, em seguida, se voltou ao rabino: "E para si, rabino, o que lhe diz tudo isto?" O rabino ficou calado por alguns segundos e depois disse: "Meu caro, alguém roubou nossa barraca!"

Treasure of Stories, Sidney Greemberg

Fazendo uso da anedota anterior, não poderíamos deixar de concluir este livro num tom basal e terreno.

A vida e a natureza dependem do movimento denso e consistente da raiz. Pelos bastidores de infinitos esforços da vida, negociações ruidosas e silenciosas entre as forças perfuram superfícies e inseminam obras das mais diversas tarefas e movimentos.

Leituras sofisticadas só se sustentam em sistemas que estejam saudáveis em relação a sua disposição de poder. Constrito pelos limites da objetividade, o poder não prospera tanto no que diz respeito a menos ou a mais, no que é tênue ou intenso demais, ou no que seja breve ou demorado em excesso.

Olhar as estrelas da perspectiva da raiz não se assemelha à descrição do discípulo na anedota. Ele está alto, à altura dos galhos, e sua fala retrata um cenário subjetivo.

O Mestre, figura a quem normalmente atribuímos a função requintada e erudita, é aquele que desperta o discípulo para o lugar real, princípio de toda edificação. Seja ela física, emocional, intelectual e espiritual, sempre dependerá desse chão. É o firmamento da objetividade que sustenta a Terra, tal qual o firmamento celeste ampara as estrelas.

Em nossa minúscula amplitude de poder é a solidez desta terra que nos dá asas para erigir nossas estruturas, sistemas e coerências. E quantas vezes tratamos o chão com desdém, maravilhados tão somente com os céus e suas estrelas?

A essa potência tão esquecida, fazemos uma homenagem nas palavras e na exaltação do rabino Zussia de Anipol:

"Ó chão debaixo de mim!
Tu és maior do que eu!
Embora pise em ti com os meus pés,
E sobre ti me erga para cima todos os dias,
Muito em breve, estarei deitado,
abaixo de ti, por ti
Sobrepujado!"

Nessa série *REFLEXOS E REFRAÇÕES* serão retratados os sete signos que formam a constelação simbólica das *Sefirot,* na tradição cabalística. Traduzindo a vida num espectro de manifestações, cada um dos livros, com seu título próprio, vai abordar uma distinta reflexão da existência: o risco, a cura, a alegria, o afeto, o ritmo, o sexo e o poder.

As reflexões, por sua vez, são tratadas em quatro diferentes refrações ou esferas: a física, a emocional, a intelectual e a espiritual.

Cabala e a arte da manutenção da carroça é o livro inaugural da série.